A2
(6~7세)

더하기 1과 빼기 1

똑!똑! 연산력 수학
노크의 구성

연산 학습 ▶ 하루에 4쪽씩 한 가지 주제를 학습합니다.

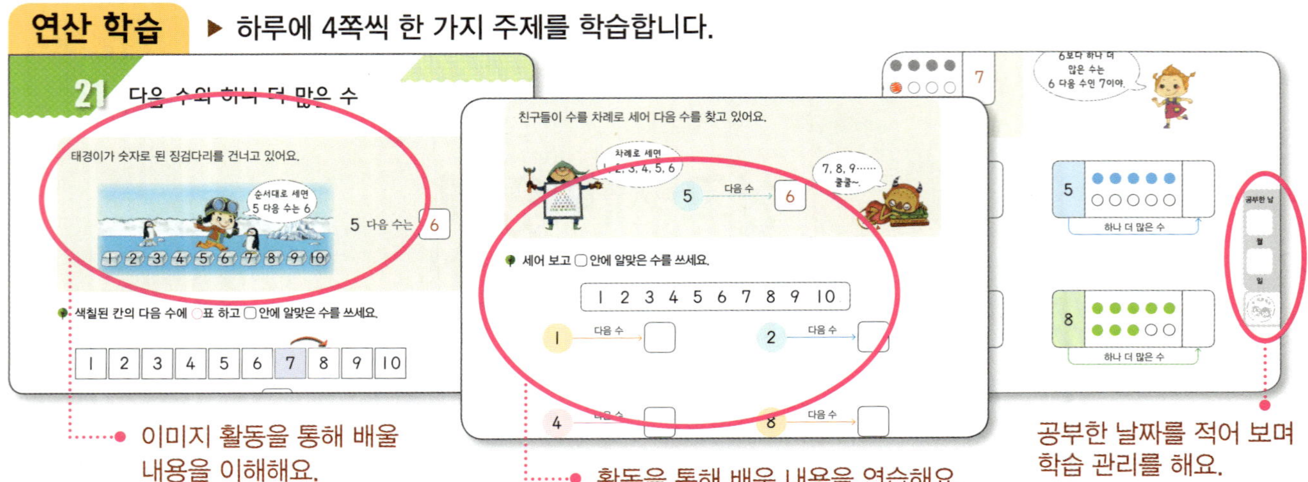

이미지 활동을 통해 배울 내용을 이해해요.

활동을 통해 배운 내용을 연습해요.

공부한 날짜를 적어 보며 학습 관리를 해요.

평가 ▶ 배웠던 주제를 평가해 봅니다.

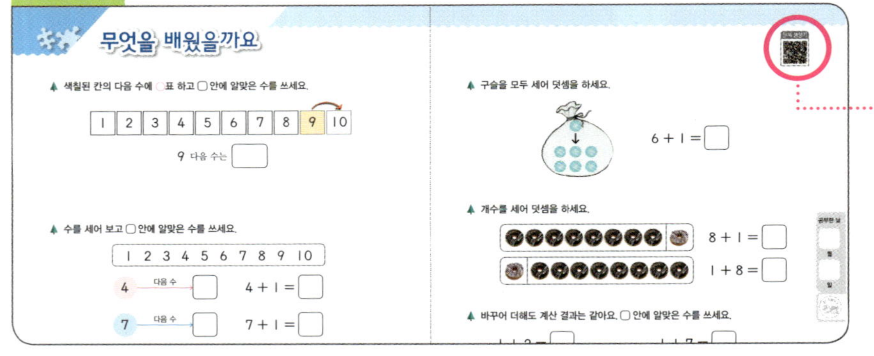

"문제 생성기" QR코드를 이용하면 여러 문제를 더 풀어 볼 수 있어요.

연산 보충 학습 ▶ 연산 학습의 부족한 부분을 연습합니다.

10까지의 더하기 1   관련 쪽수: 6~27쪽

➕ 덧셈을 하세요.

1 + 1 =	2 + 1 =
3 + 1 =	4 + 1 =
5 + 1 =	7 + 1 =
8 + 1 =	9 + 1 =

1 + 8 =	1 + 9 =
8 + 1 =	9 + 1 =
1 + 2 =	1 + 5 =
2 + 1 =	5 + 1 =

➕ 안에 알맞은 수를 쓰세요.

☐ + 1 = 7   ☐ + 1 = 5

각 주제별로 학습했던 연산 학습 중 연습이 더 필요한 부분을 본책 맨 뒤에서 제공합니다.
해당 연산 학습을 끝낸 후에 사용하세요.

연산력 수학 노크만의 스마트 학습

문제 생성기

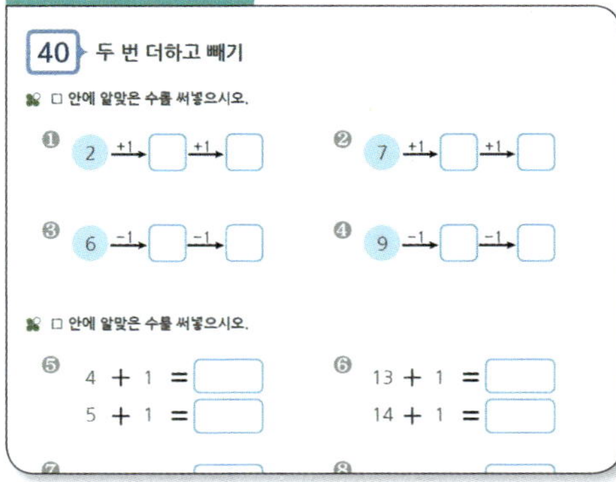

"무엇을 배웠을까요"를 풀고 난 후 QR코드를 찍어 보세요.
새로운 문제들이 계속 생성됩니다.
출력하여 사용하세요.

게임

"연산력 게임" 코너에 있는 QR코드를 찍어 보세요.
연산 학습과 연계된 재미있는 연산력 게임을 할 수 있습니다.

연산력 수학 노크에 나오는 친구들을 소개해요!!

애니메이션

모험가 친구들

지오

호기심 공주

태경

활동파 리더

마법사 멀린과 수학 요정

마법사 멀린

꼬마 요괴

| 따소리 | 한입 | 장난 | 딴짓 | 멍하니 | 잠만자 | 울보 | 거꾸로 |

연산력 수학 노크 A2

차례

1 0까지의 더하기 1	**5**

- 다음 수와 하나 더 많은 수
- 더하는 1은 다음 수
- 더하는 1은 하나 더 많은 수
- 바꾸어 더하기
- □가 있는 더하기 1

20까지의 더하기 1	**29**

- 더하는 1은 다음 수
- 더하는 1은 1 큰 수
- 바꾸어 더하기
- 더하기 1, 1 더하기
- □가 있는 더하기 1

1 0까지의 빼기 1	**53**

- 전의 수와 하나 더 적은 수
- 빼기 1은 전의 수
- 빼기 1은 하나 더 적은 수
- □가 있는 빼기 1
- 더하기 1과 빼기 1

20까지의 빼기 1	**77**

- 빼기 1은 전의 수
- 빼기 1은 1 작은 수
- □가 있는 빼기 1
- 더하기 1과 빼기 1
- ＋와 －

노크랜드로
출발해 볼까?

◉ 연산 보충 학습 **101**

|0까지의 더하기 |

21 다음 수와 하나 더 많은 수 ·········· 6

22 더하기 |은 다음 수 ·········· 10

23 더하기 |은 하나 더 많은 수 ·········· 14

24 바꾸어 더하기 ·········· 18

25 □가 있는 더하기 | ·········· 22

무엇을 배웠을까요 ·········· 26

▶ 연산 보충 학습(102~103쪽)에서 더 풀어 보세요.

학부모 지도 가이드

이번 차시에서는 덧셈에 대한 개념을 처음 공부합니다.

아이들이 지금까지 생활에서 덧셈 상황은 많이 경험해 봤다는 것을 설명해 주시면 덧셈을 좀 더 쉽게 이해할 수 있을 거예요. 아이들이 많이 사용하는 과자나 블록, 장난감을 이용해서 덧셈을 설명해 주세요.

$$2 + | = 3$$

이와 같이 구체적 사물을 이용하여 덧셈을 이해시킨 뒤, 단순한 도형으로 개념을 완성하여 숫자와 기호로 된 덧셈식을 만들 수 있게 지도해 주세요.

다음 수와 하나 더 많은 수

5 다음 수는 [6]

🌳 색칠된 칸의 다음 수에 ○표 하고 ☐ 안에 알맞은 수를 쓰세요.

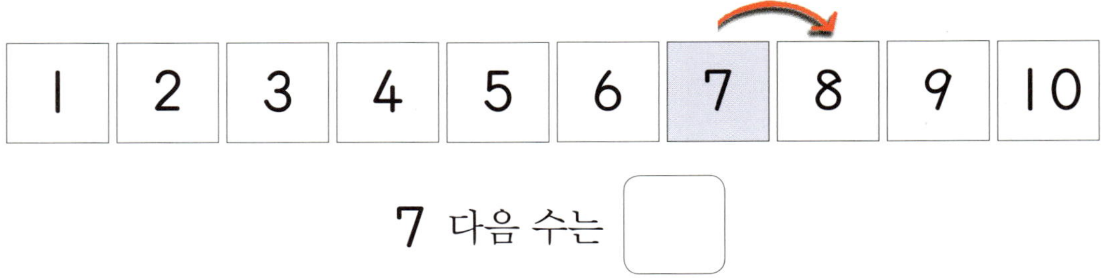

| 1 | 2 | 3 | 4 | 5 | 6 | 7 | 8 | 9 | 10 |

7 다음 수는 ☐

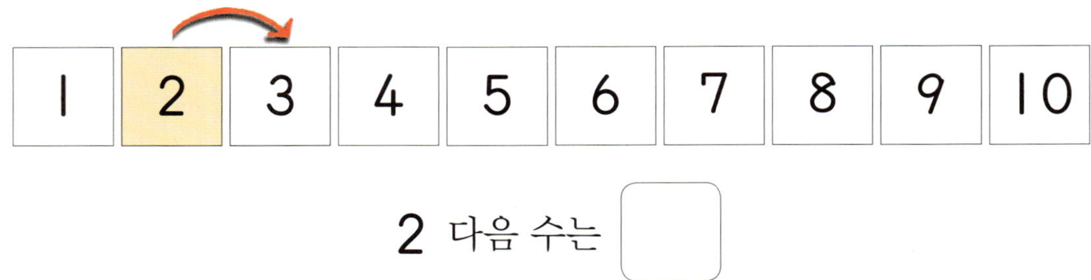

| 1 | 2 | 3 | 4 | 5 | 6 | 7 | 8 | 9 | 10 |

2 다음 수는 ☐

| 1 | 2 | 3 | 4 | 5 | 6 | 7 | 8 | 9 | 10 |

6 다음 수는 ☐

친구들이 수를 차례로 세어 다음 수를 찾고 있어요.

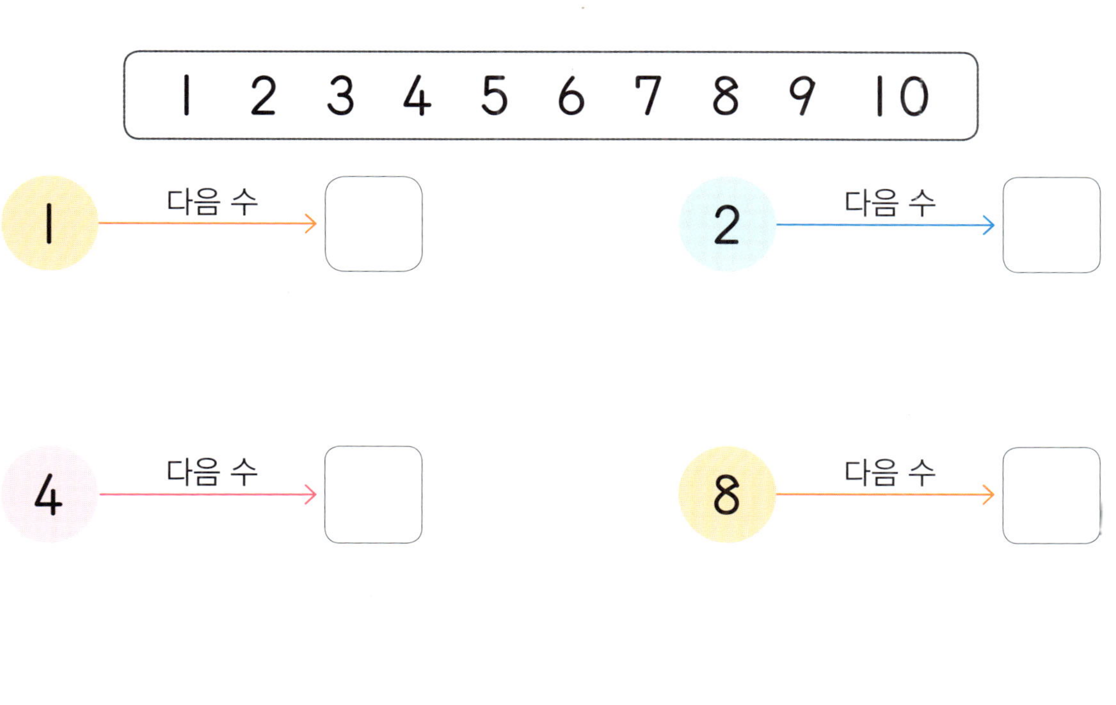

세어 보고 ☐ 안에 알맞은 수를 쓰세요.

1 2 3 4 5 6 7 8 9 10

1 → 다음 수 → ☐

2 → 다음 수 → ☐

4 → 다음 수 → ☐

8 → 다음 수 → ☐

3 → 다음 수 → ☐

7 → 다음 수 → ☐

9 → 다음 수 → ☐

6 → 다음 수 → ☐

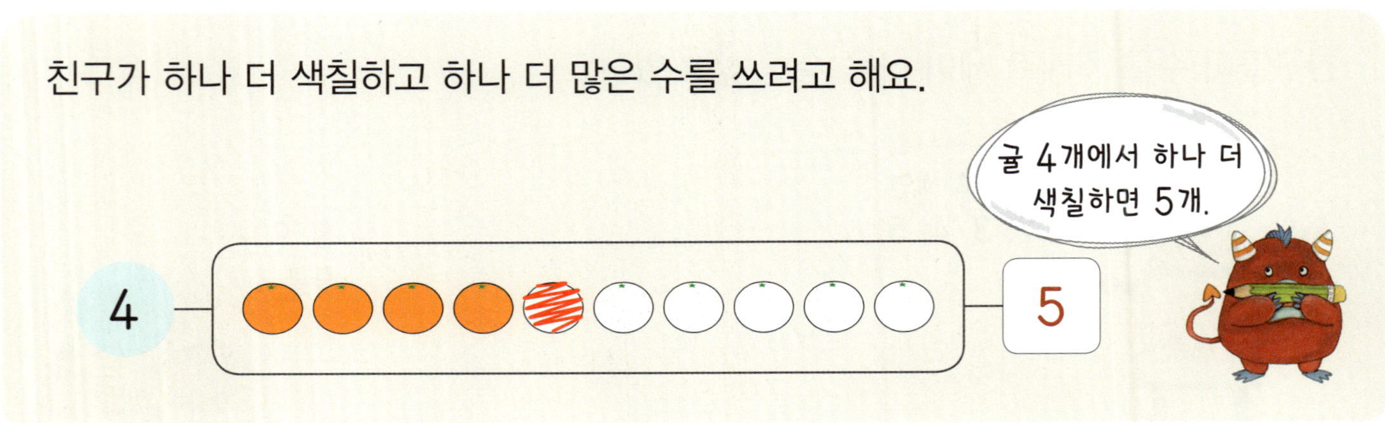

🌳 하나 더 색칠하고 하나 더 많은 수를 쓰세요.

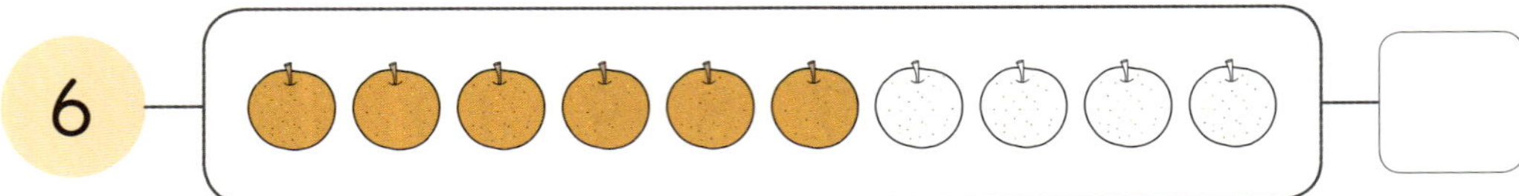

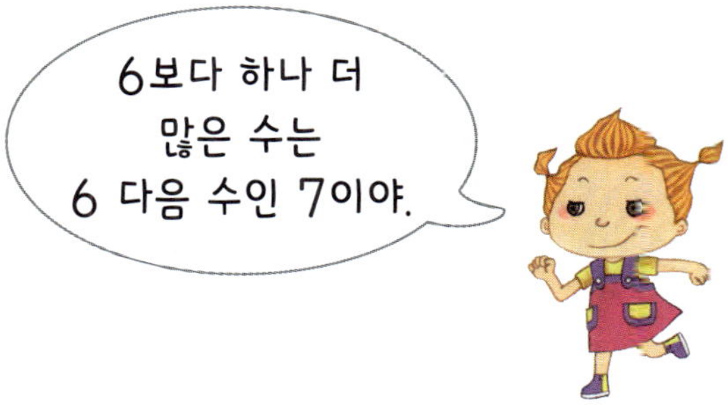

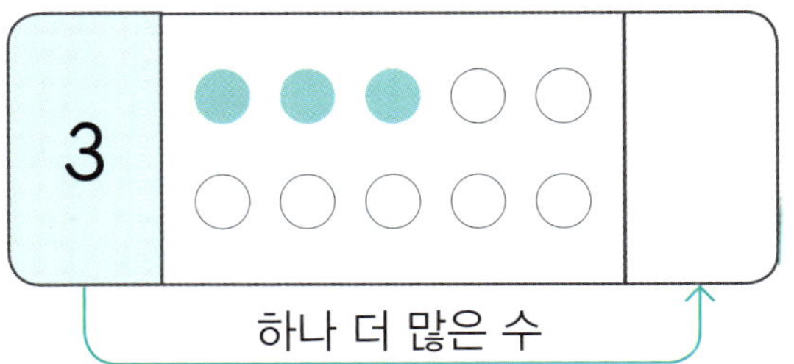
6보다 하나 더
많은 수는
6 다음 수인 7이야.

더하기 l은 다음 수

🌳 색칠된 칸의 다음 수에 ◯표 하고 덧셈을 하세요.

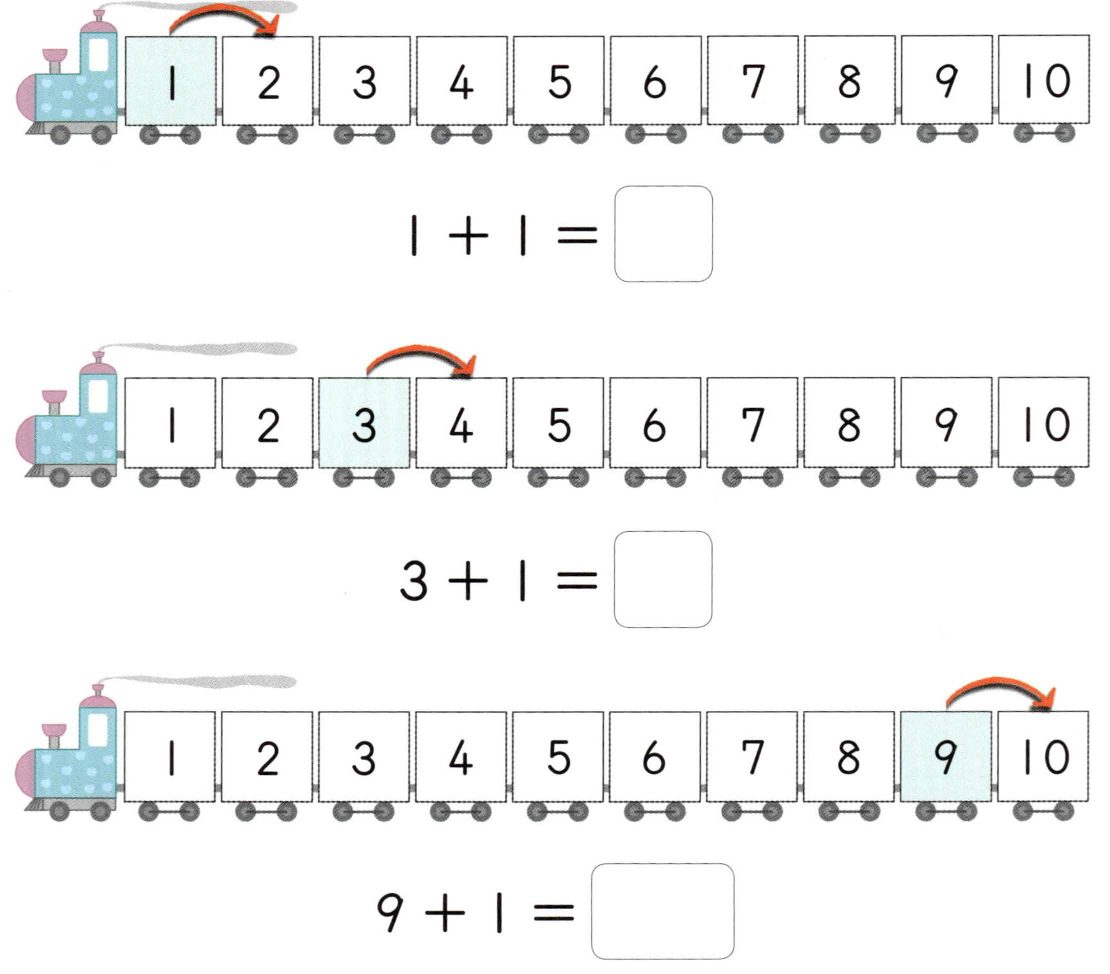

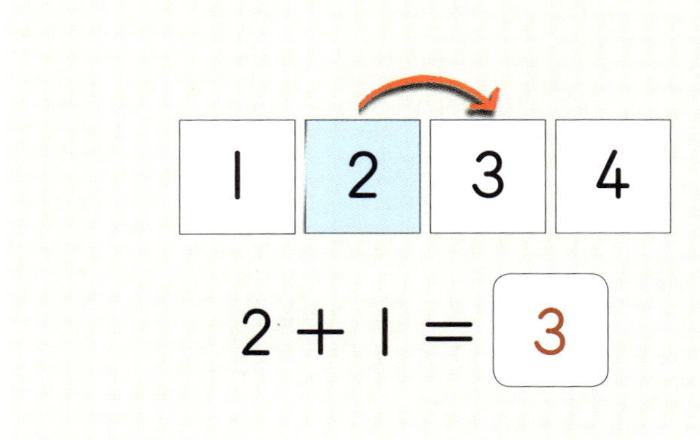

$$1 \quad 2 \quad 3 \quad 4$$

$$2 + 1 = 3$$

$$4 \quad 5 \quad 6 \quad 7$$

$$5 + 1 = \boxed{}$$

$$7 \quad 8 \quad 9 \quad 10$$

$$8 + 1 = \boxed{}$$

$$6 \quad 7 \quad 8 \quad 9$$

$$6 + 1 = \boxed{}$$

$$7 \quad 8 \quad 9 \quad 10$$

$$9 + 1 = \boxed{}$$

$$1 \quad 2 \quad 3 \quad 4$$

$$3 + 1 = \boxed{}$$

$$5 \quad 6 \quad 7 \quad 8$$

$$5 + 1 = \boxed{}$$

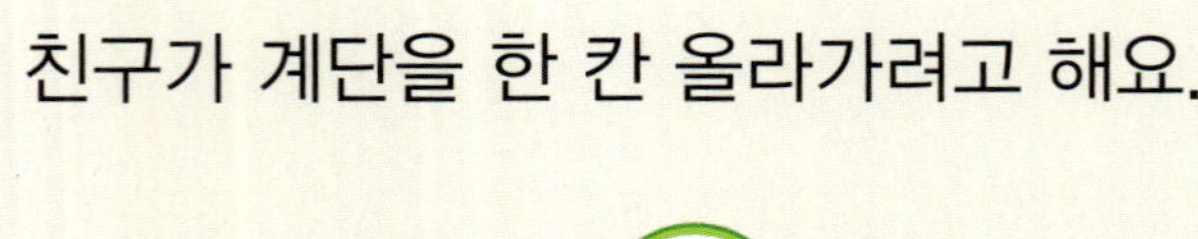
친구가 계단을 한 칸 올라가려고 해요.

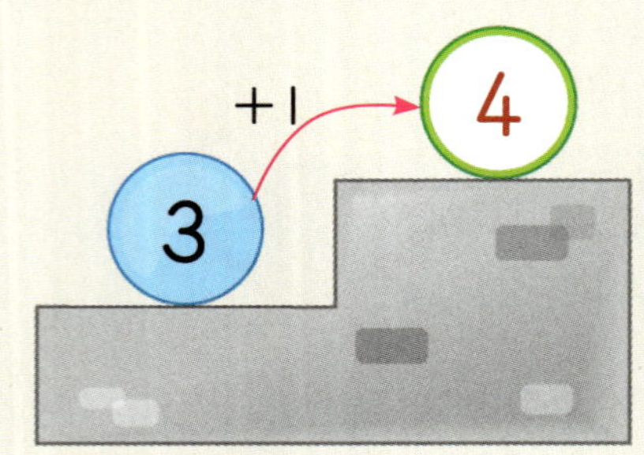

$$3 + 1 = \boxed{4}$$

🌳 빈 곳에 알맞은 수를 쓰고 덧셈을 하세요.

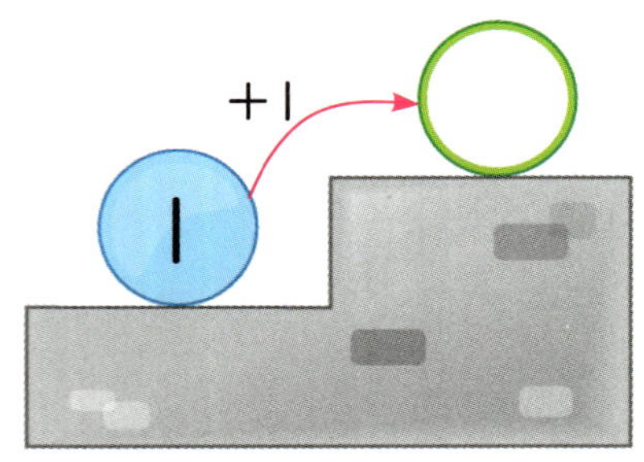

$$1 + 1 = \boxed{}$$

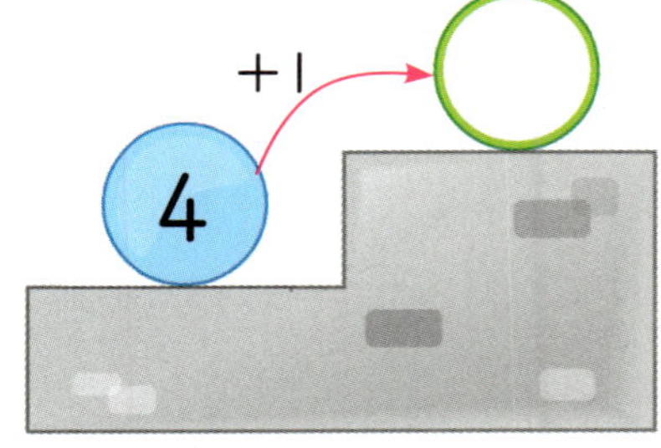

$$4 + 1 = \boxed{}$$

$$5 + 1 = \boxed{}$$

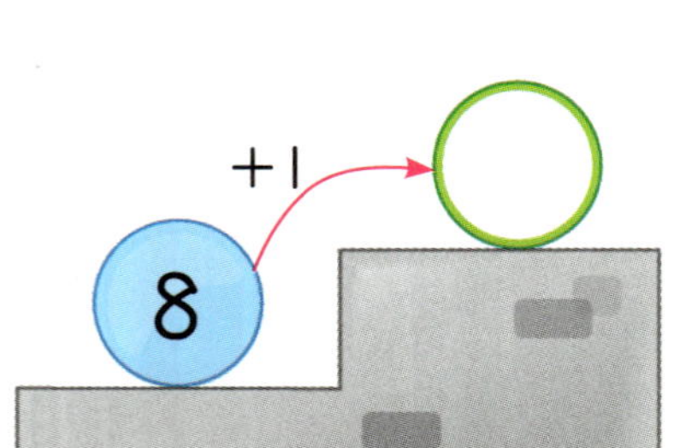

$$8 + 1 = \boxed{}$$

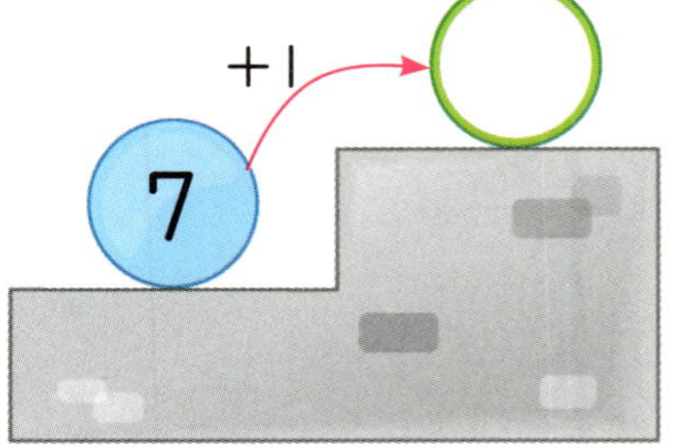

$$7 + 1 = \boxed{}$$

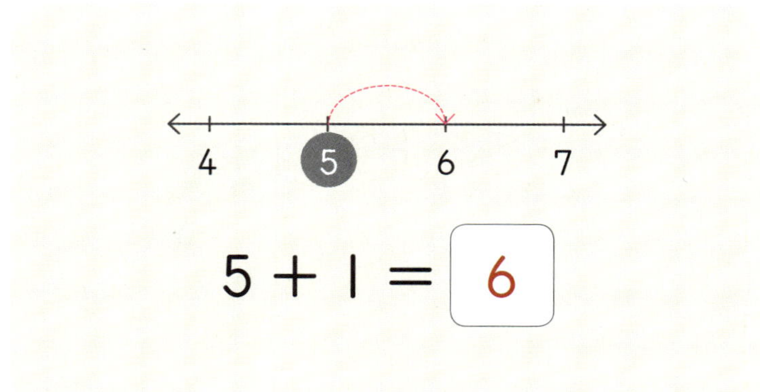

$$5 + 1 = \boxed{6}$$

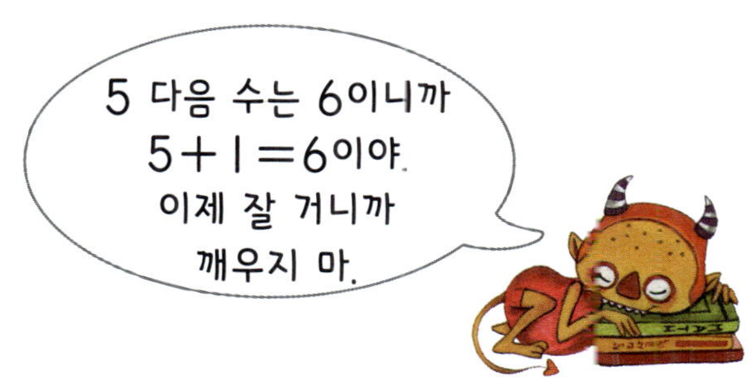

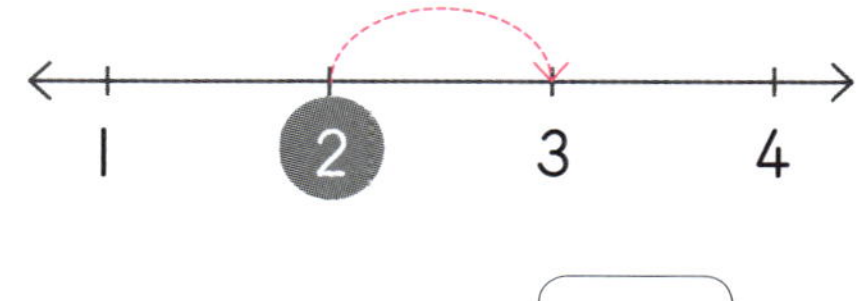

$$2 + 1 = \boxed{}$$

$$9 + 1 = \boxed{}$$

$$4 + 1 = \boxed{}$$

$$3 + 1 = \boxed{}$$

$$7 + 1 = \boxed{}$$

$$8 + 1 = \boxed{}$$

$$1 + 1 = \boxed{}$$

$$6 + 1 = \boxed{}$$

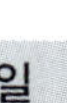

🌿 달걀을 모두 세어 덧셈을 하세요.

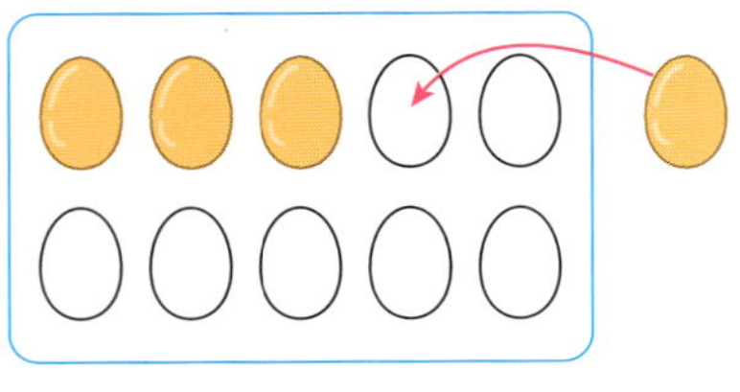

$$3 + 1 = \boxed{}$$

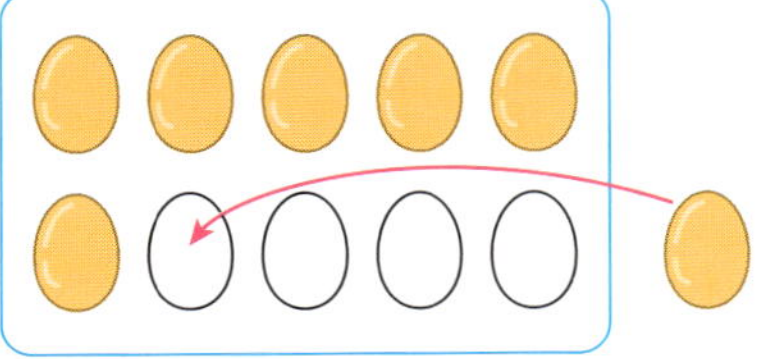

$$6 + 1 = \boxed{}$$

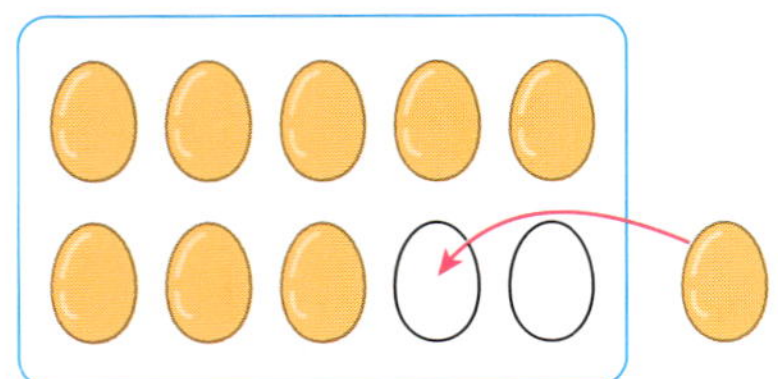

$$8 + 1 = \boxed{}$$

$$9 + 1 = \boxed{}$$

🌳 하나 더 색칠하고 덧셈을 하세요.

$$6 + 1 = 7$$

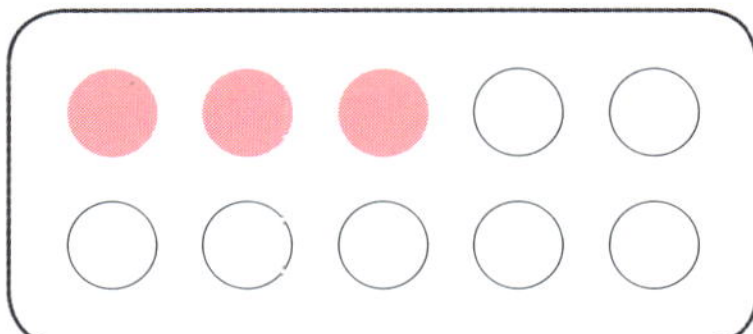

$$3 + 1 = \square$$

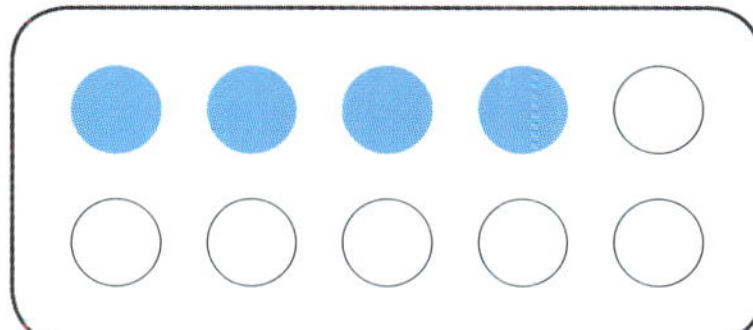

$$4 + 1 = \square$$

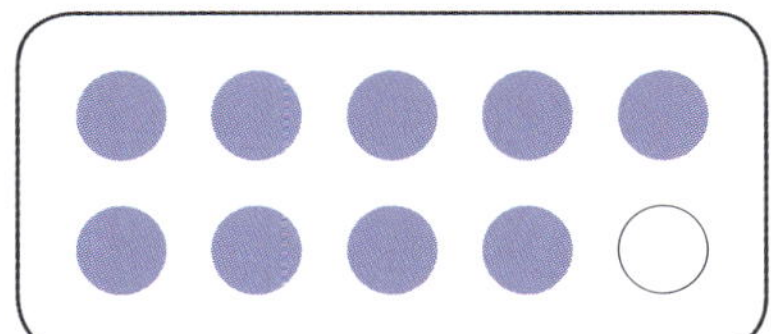

$$9 + 1 = \square$$

$$1 + 1 = \square$$

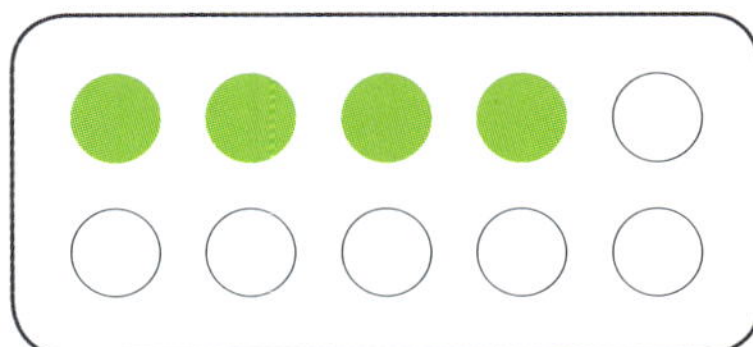

$$4 + 1 = \square$$

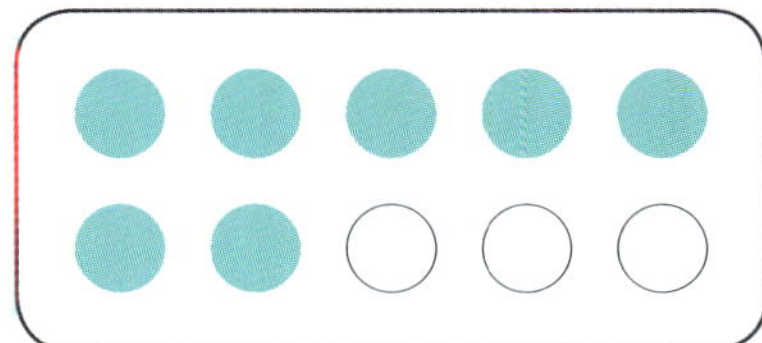

$$7 + 1 = \square$$

태경이가 지갑에 구슬 5개를 가지고 있었는데 구슬을 한 개 더 넣었어요.

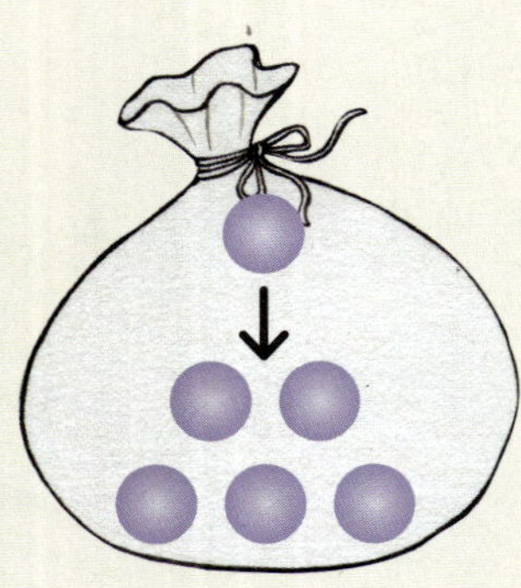

$5 + 1 = \boxed{6}$

구슬을 모두 세어 덧셈을 하세요.

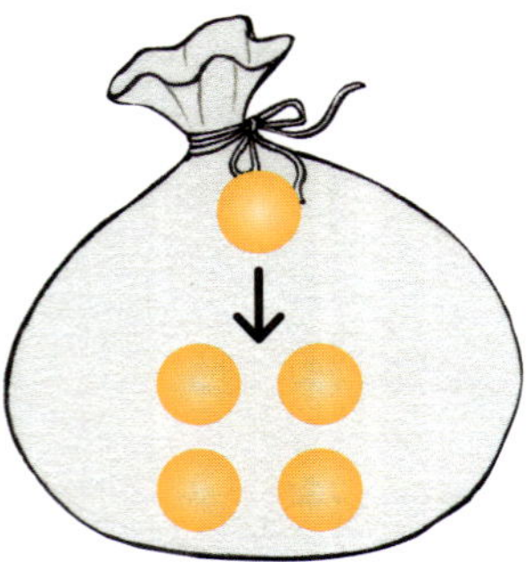

$4 + 1 = \boxed{}$

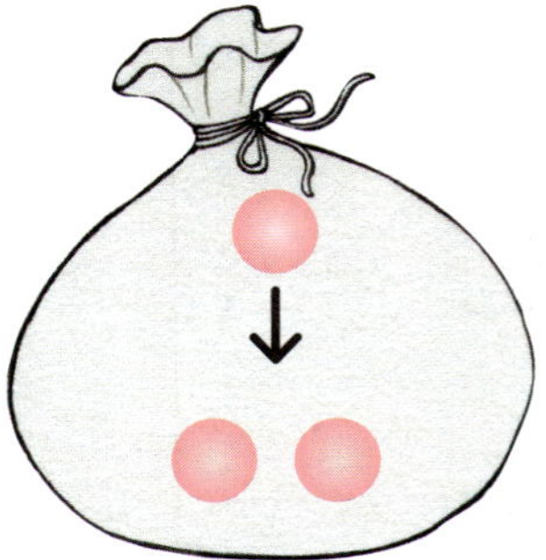

$2 + 1 = \boxed{}$

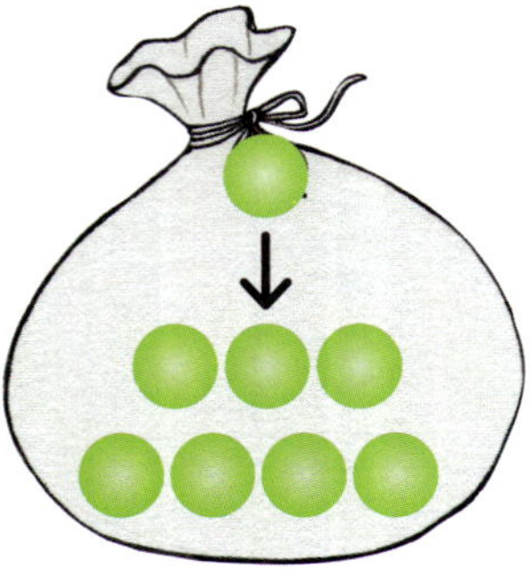

$7 + 1 = \boxed{}$

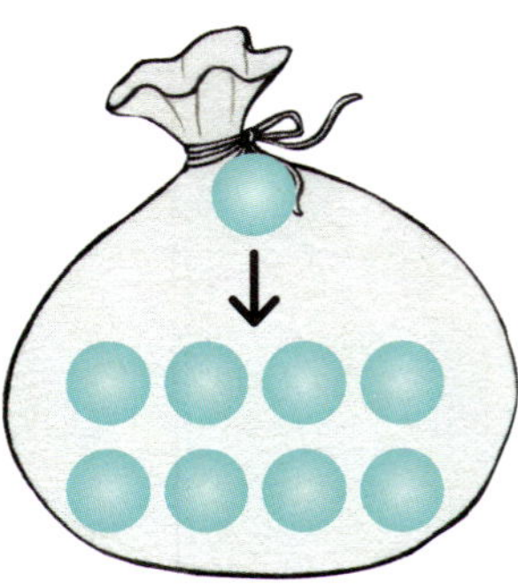

$8 + 1 = \boxed{}$

🌱 덧셈을 하세요.

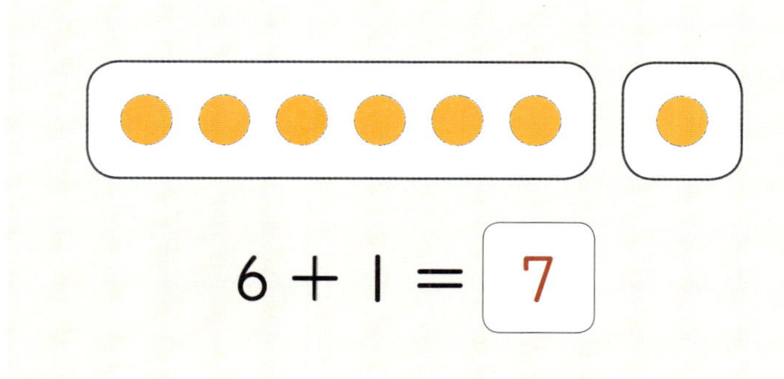

$6 + 1 = \boxed{7}$

$8 + 1 = \boxed{}$

$2 + 1 = \boxed{}$

$7 + 1 = \boxed{}$

$1 + 1 = \boxed{}$

$3 + 1 = \boxed{}$

$5 + 1 = \boxed{}$

$4 + 1 = \boxed{}$

$9 + 1 = \boxed{}$

공부한 날

월

일

바꾸어 더하기

친구가 맛있는 도넛을 먹으려고 해요.

$5 + 1 =$ 6

$1 + 5 =$ 6

🌳 개수를 세어 덧셈을 하세요.

$3 + 1 =$

$1 + 3 =$

$6 + 1 =$

$1 + 6 =$

$7 + 1 =$

$1 + 7 =$

🌳 **덧셈을 하세요.**

$3 + 1 = \boxed{4}$

$1 + 3 = \boxed{4}$

$2 + 1 = \boxed{}$

$1 + 2 = \boxed{}$

$5 + 1 = \boxed{}$

$1 + 5 = \boxed{}$

$6 + 1 = \boxed{}$

$1 + 6 = \boxed{}$

$4 + 1 = \boxed{}$

$1 + 4 = \boxed{}$

$7 + 1 = \boxed{}$

$1 + 7 = \boxed{}$

$9 + 1 = \boxed{}$

$1 + 9 = \boxed{}$

지오가 숫자 카드로 덧셈을 공부하고 있어요.

$$1 + 2 = 3$$

$$2 + 1 = 3$$

🌳 바꾸어 더해도 계산 결과는 같아요. ☐ 안에 알맞은 수를 쓰세요.

$$1 + 3 = \boxed{}$$

$$3 + 1 = \boxed{}$$

$$1 + 6 = \boxed{}$$

$$6 + 1 = \boxed{}$$

$$1 + 5 = \boxed{}$$

$$5 + 1 = \boxed{}$$

$$1 + 8 = \boxed{}$$

$$8 + 1 = \boxed{}$$

$$1 + 4 = \boxed{}$$

$$4 + 1 = \boxed{}$$

$$1 + 9 = \boxed{}$$

$$9 + 1 = \boxed{}$$

덧셈을 하세요.

$1 + 6 = 7$

$6 + 1 = 7$

$1 + 3 = \boxed{}$

$3 + 1 = \boxed{}$

$1 + 2 = \boxed{}$

$2 + 1 = \boxed{}$

$1 + 4 = \boxed{}$

$4 + 1 = \boxed{}$

$1 + 7 = \boxed{}$

$7 + 1 = \boxed{}$

$1 + 5 = \boxed{}$

$5 + 1 = \boxed{}$

$1 + 9 = \boxed{}$

$9 + 1 = \boxed{}$

🌳 □ 안에 알맞은 수를 쓰세요.

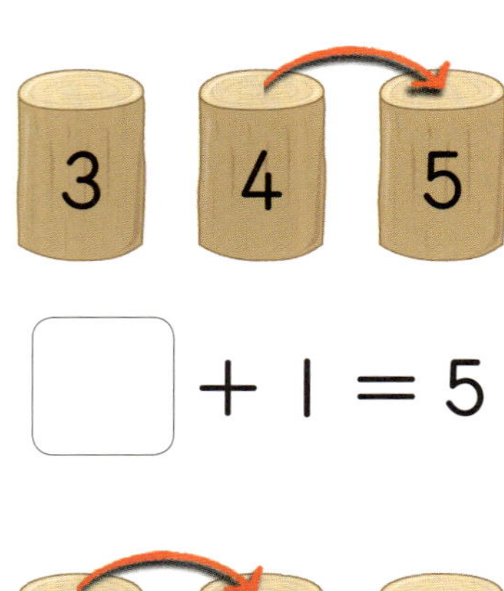

$\boxed{}+1=5$

$\boxed{}+1=2$

$\boxed{}+1=7$

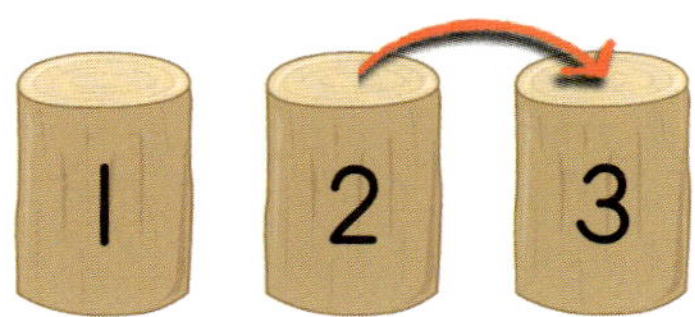

$\boxed{}+1=3$

$\boxed{}+1=6$

$\boxed{}+1=10$

☘ ☐ 안에 알맞은 수를 쓰세요.

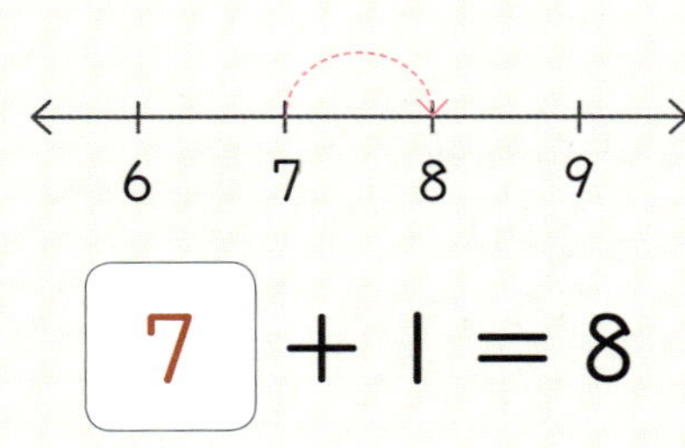

$$\boxed{7} + 1 = 8$$

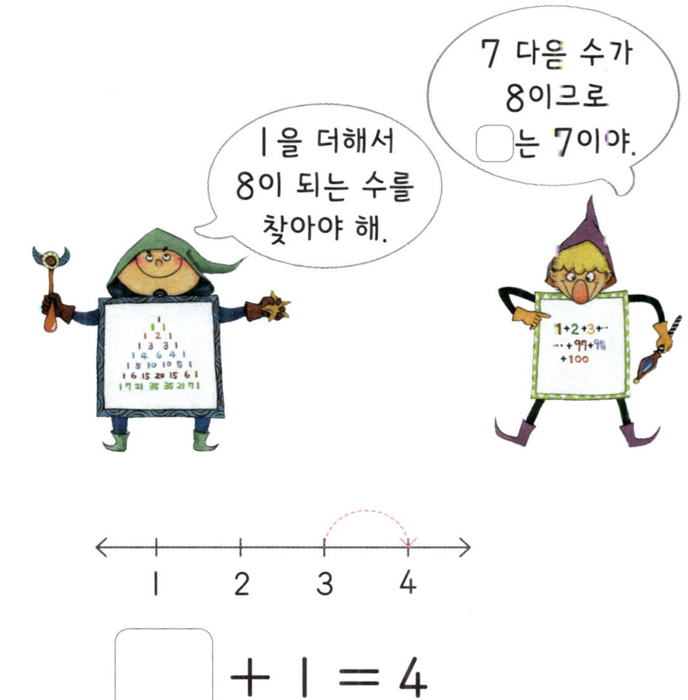

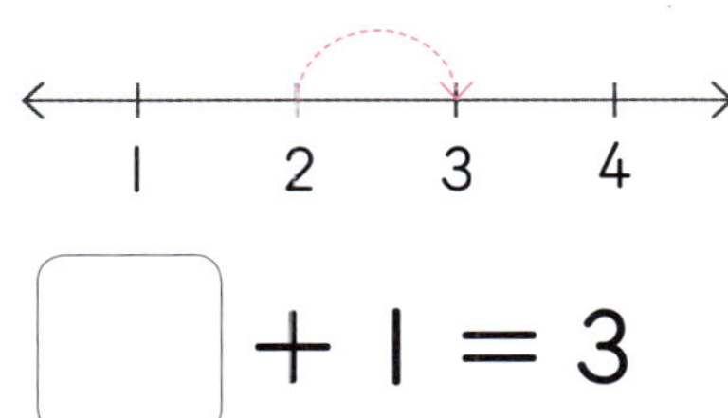

$$\boxed{} + 1 = 3$$

$$\boxed{} + 1 = 4$$

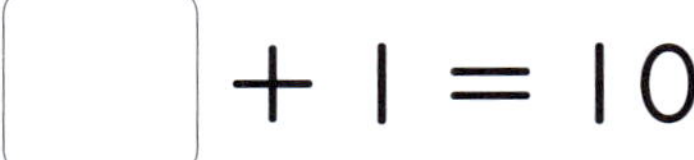

$$\boxed{} + 1 = 10$$

$$\boxed{} + 1 = 6$$

$$\boxed{} + 1 = 5$$

$$\boxed{} + 1 = 7$$

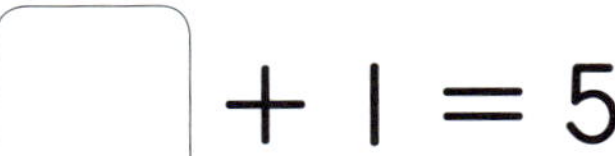

$$\boxed{} + 1 = 2$$

$$\boxed{} + 1 = 9$$

2가지 색의 연결큐브를 서로 다른 방법으로 놓았어요.

$1 + 4 = \boxed{5}$

$4 + 1 = \boxed{5}$

🌳 바꾸어 더해도 계산 결과는 같아요. 덧셈을 하세요.

$1 + 2 = \boxed{}$

$2 + 1 = \boxed{}$

$1 + 6 = \boxed{}$

$6 + 1 = \boxed{}$

$1 + 8 = \boxed{}$

$8 + 1 = \boxed{}$

$1 + 3 = \boxed{}$

$3 + 1 = \boxed{}$

$1 + 5 = \boxed{}$

$5 + 1 = \boxed{}$

덧셈을 하세요.

●●●●●●●●● $1 + 8 = \boxed{9}$

●●●●●●●●● $8 + 1 = \boxed{9}$

$1 + 7 = \boxed{}$

$7 + 1 = \boxed{}$

$1 + 5 = \boxed{}$

$5 + 1 = \boxed{}$

$1 + 2 = \boxed{}$

$2 + 1 = \boxed{}$

$1 + 3 = \boxed{}$

$3 + 1 = \boxed{}$

$1 + 4 = \boxed{}$

$4 + 1 = \boxed{}$

$1 + 8 = \boxed{}$

$8 + 1 = \boxed{}$

공부한 날

월

일

🔺 색칠된 칸의 다음 수에 ◯표 하고 ☐ 안에 알맞은 수를 쓰세요.

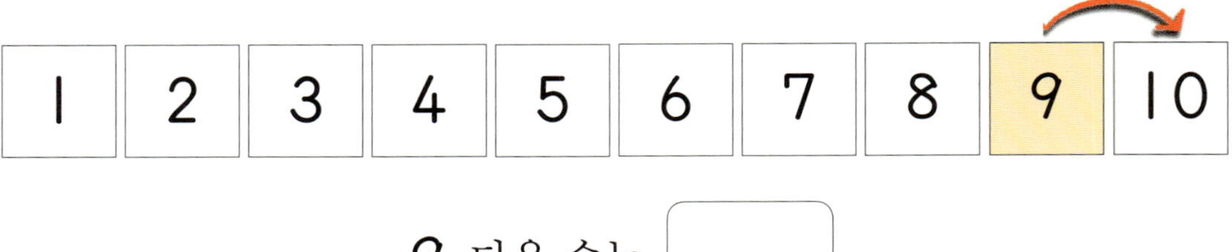

9 다음 수는 ☐

🔺 수를 세어 보고 ☐ 안에 알맞은 수를 쓰세요.

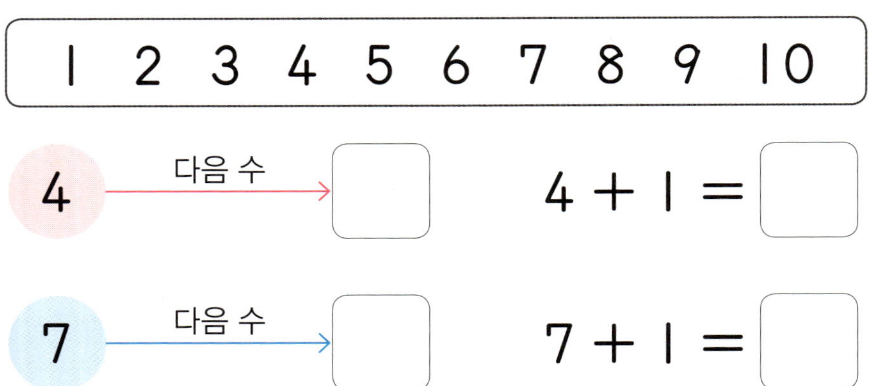

🔺 하나 더 색칠하고 하나 더 많은 수를 쓰세요.

🔺 구슬을 모두 세어 덧셈을 하세요.

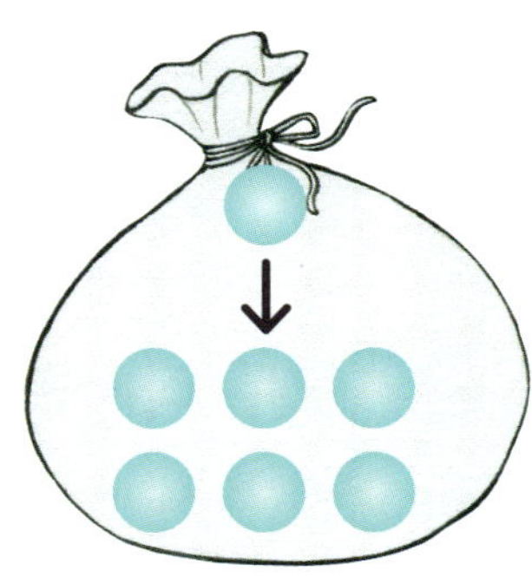

$6 + 1 = \boxed{}$

🔺 개수를 세어 덧셈을 하세요.

$8 + 1 = \boxed{}$

$1 + 8 = \boxed{}$

🔺 바꾸어 더해도 계산 결과는 같아요. ⬜ 안에 알맞은 수를 쓰세요.

$1 + 2 = \boxed{}$

$2 + 1 = \boxed{}$

$1 + 7 = \boxed{}$

$7 + 1 = \boxed{}$

🔺 ⬜ 안에 알맞은 수를 쓰세요.

$\boxed{} + 1 = 5$

연산력 게임

QR코드를 찍으면 다양한 연산 게임을 할 수 있어요.

손가락셈

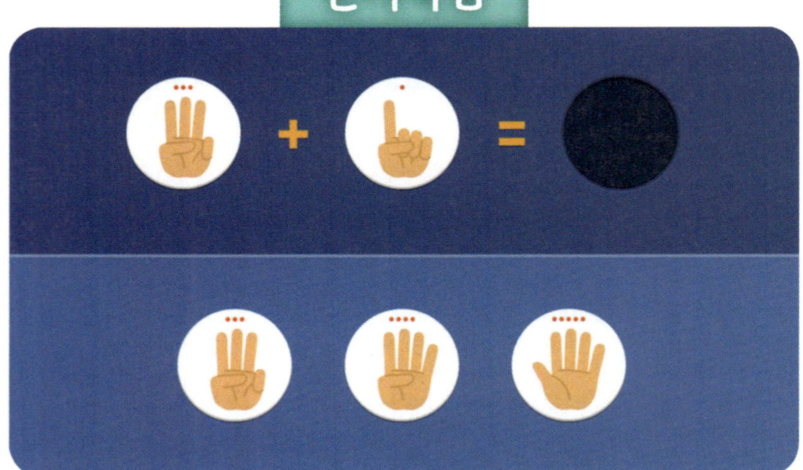

손가락이 나타내는 수를 모두 더하면 몇일까요?

펼쳐져 있는 손가락 수를 모두 세어 나타낸 것을 아래에서 찾아 빈 곳에 넣으세요.

4개를 나타낸 손을 넣으면 정답입니다.

당근에 쓰여져 있는 두 수의 덧셈을 해 보세요.

아래쪽에서 두 수의 덧셈 결과를 찾아 빈 곳에 넣으세요.

4를 넣으면 정답입니다.

토끼의 식사 시간

20까지의 더하기 Ⅰ

26 더하기 Ⅰ은 다음 수 ···················· 30

27 더하기 Ⅰ은 Ⅰ 큰 수 ···················· 34

28 바꾸어 더하기 ···················· 38

29 더하기 Ⅰ, Ⅰ 더하기 ···················· 42

30 □가 있는 더하기 Ⅰ ···················· 46

무엇을 배웠을까요 ···················· 50

▶ 연산 보충 학습(104~105쪽)에서 더 풀어 보세요

학부모 지도 가이드

이번 차시에서는 앞에서 배웠던 10까지의 더하기 Ⅰ의 수 영역을 20까지 확대한 것입니다. 더하기 Ⅰ은 다음 수, Ⅰ 큰 수의 개념이고 이 개념은 수의 영역을 넓혀도 같다는 것을 아이들이 직관적으로 알 수 있도록 하는 것이 이 단계의 목표입니다.

수 영역이 넓어졌으므로 수직선이나 연결큐브 등을 이용해서 덧셈을 이해하도록 지도해 주세요.

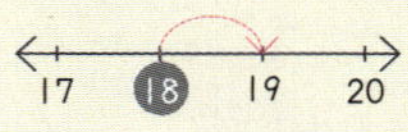

$$18 + 1 = 19$$

$$12 + 1 = 13$$

🌳 빈 곳에 알맞은 수를 쓰고 덧셈을 하세요.

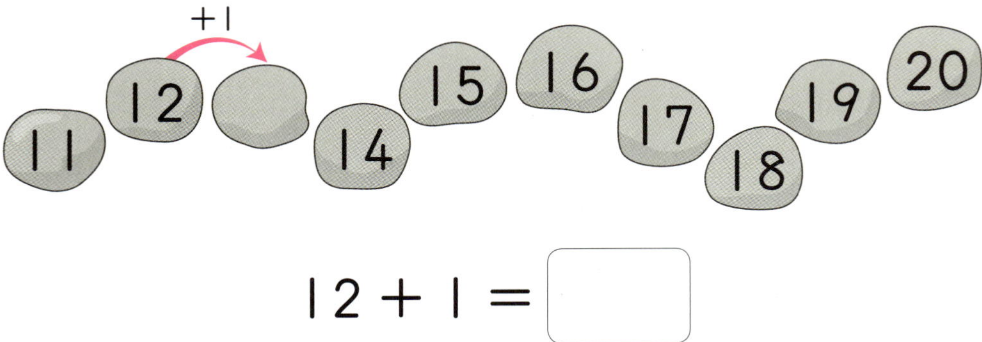

$$|2 + | = \boxed{}$$

$$|9 + | = \boxed{}$$

13	14	15	16

$14 + 1 = \boxed{15}$

9	10	11	12

$10 + 1 = \boxed{}$

15	16	17	18

$16 + 1 = \boxed{}$

17	18	19	20

$18 + 1 = \boxed{}$

11	12	13	14

$11 + 1 = \boxed{}$

13	14	15	16

$15 + 1 = \boxed{}$

15	16	17	18

$17 + 1 = \boxed{}$

사다리를 한 칸 올라가려고 해요.

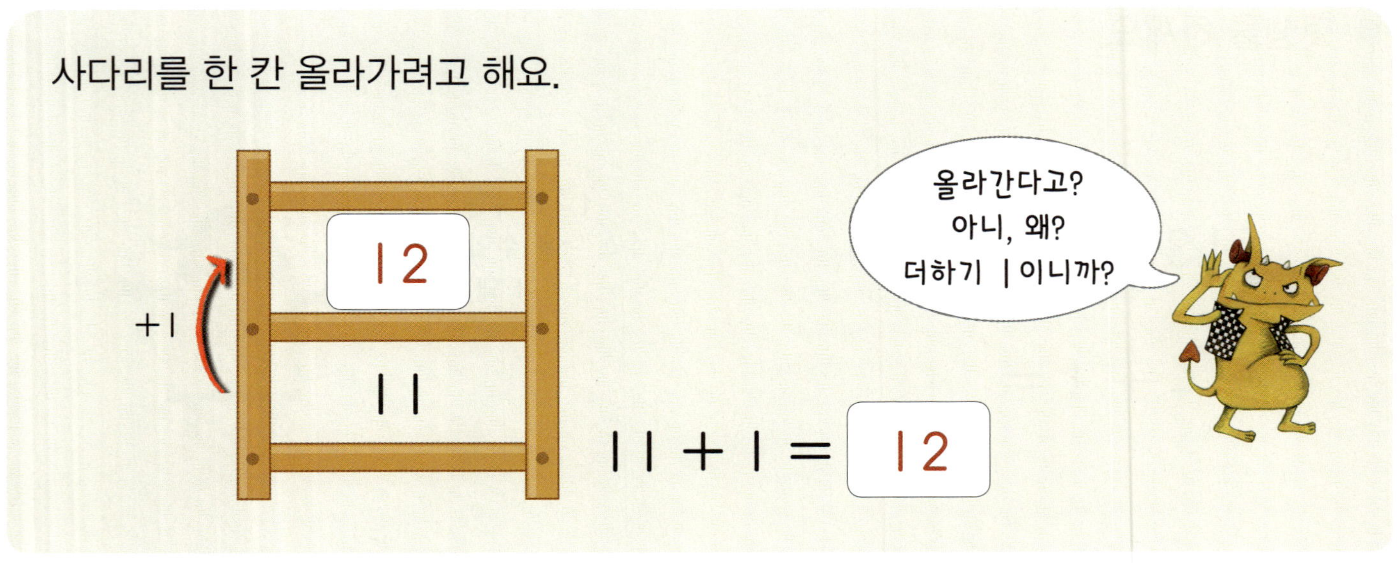

$$11 + 1 = \boxed{12}$$

🌳 빈칸에 알맞은 수를 쓰고 덧셈을 하세요.

$$15 + 1 = \boxed{}$$

$$18 + 1 = \boxed{}$$

$$17 + 1 = \boxed{}$$

$$12 + 1 = \boxed{}$$

덧셈을 하세요.

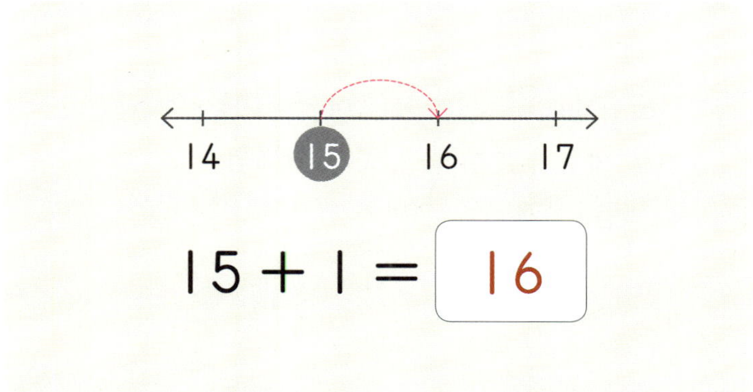

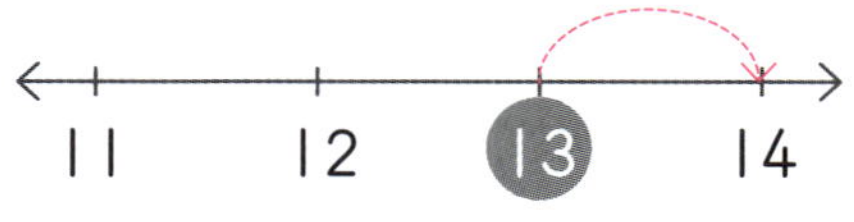

13 + 1 =

17 18 19 20

18 + 1 =

16 + 1 =

11 + 1 =

19 + 1 =

14 + 1 =

10 + 1 =

12 + 1 =

더하기 1은 1 큰 수

지오와 태경이가 연결큐브로 덧셈을 하고 있어요.

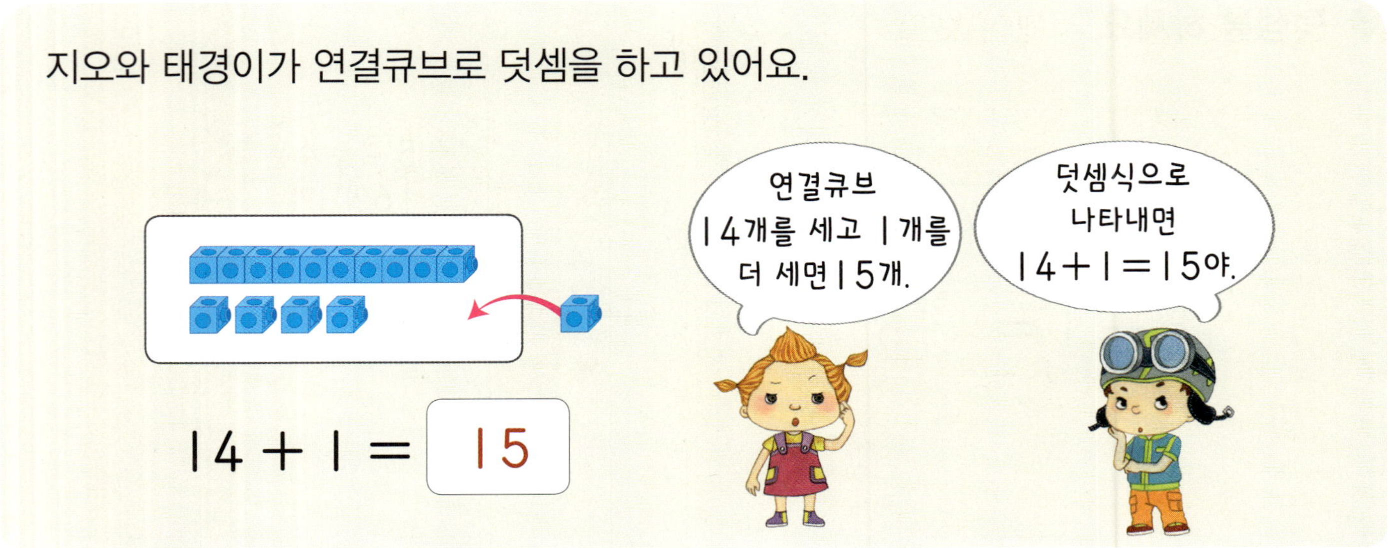

$$14 + 1 = \boxed{15}$$

🌳 연결큐브를 모두 세어 덧셈을 하세요.

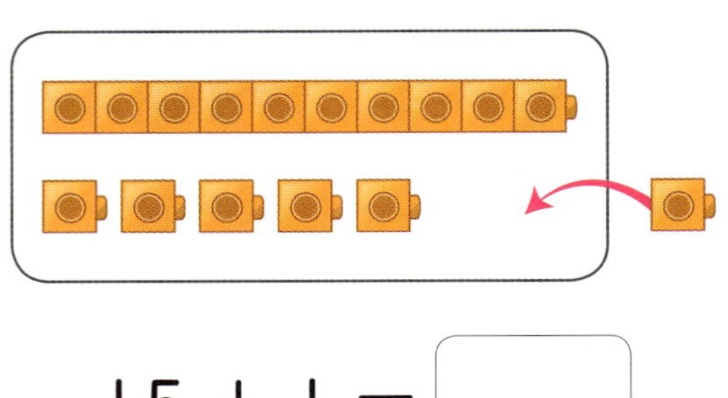

$$15 + 1 = \boxed{}$$

$$10 + 1 = \boxed{}$$

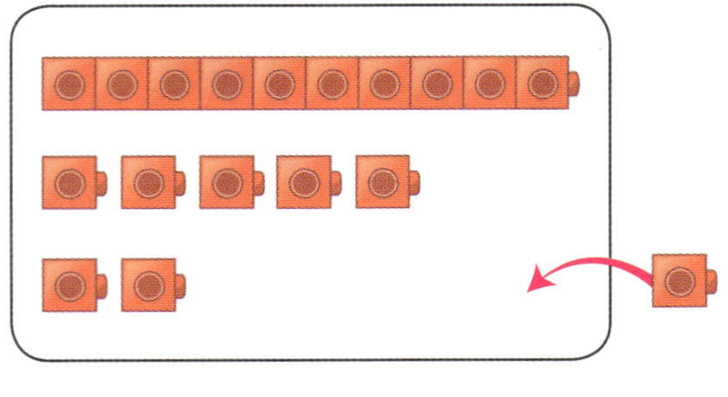

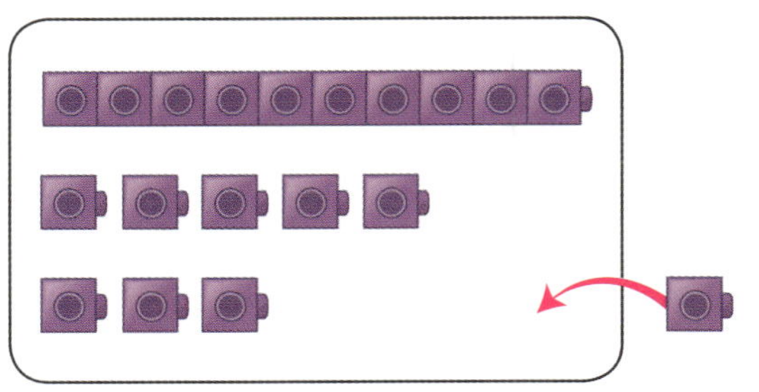

$$17 + 1 = \boxed{}$$

$$18 + 1 = \boxed{}$$

연결큐브를 모두 세어 보고 덧셈을 하세요.

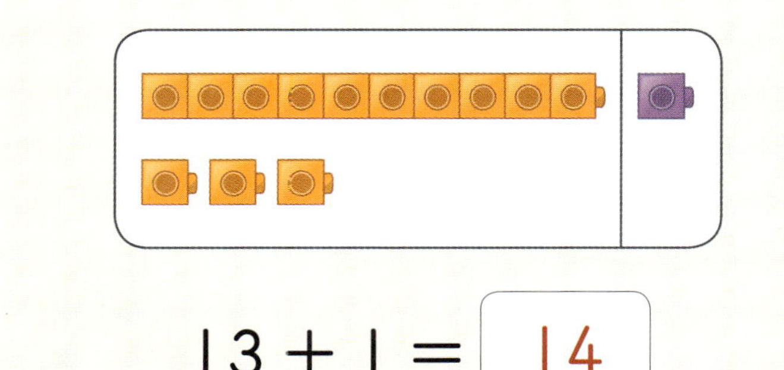

$$13 + 1 = \boxed{14}$$

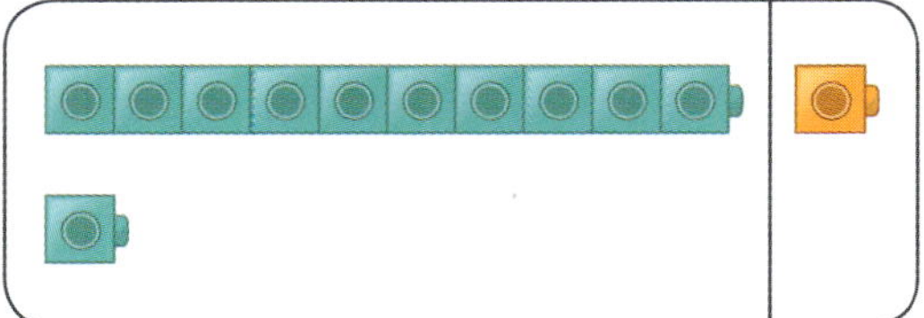

$$11 + 1 = \boxed{}$$

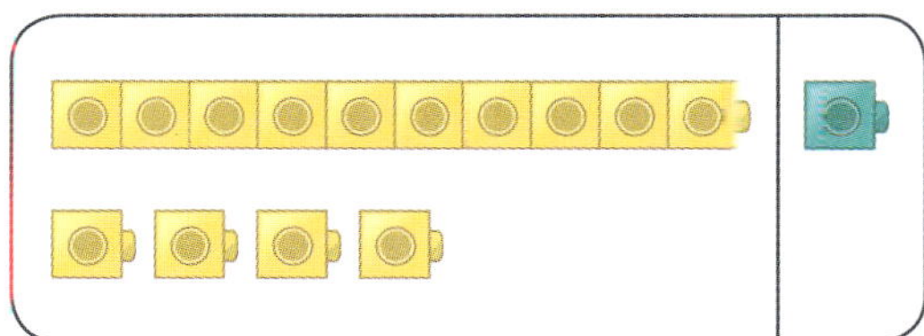

$$14 + 1 = \boxed{}$$

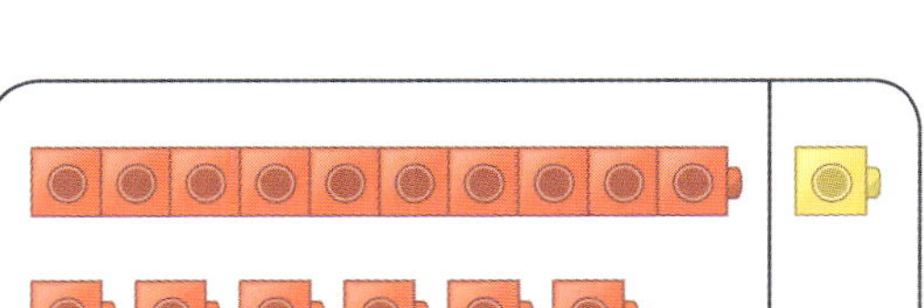

$$16 + 1 = \boxed{}$$

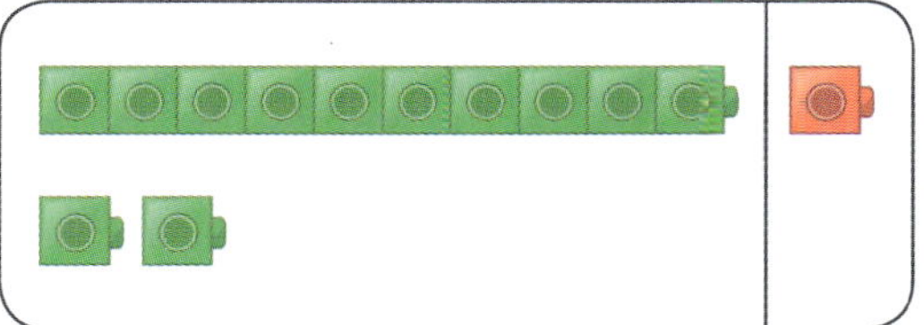

$$12 + 1 = \boxed{}$$

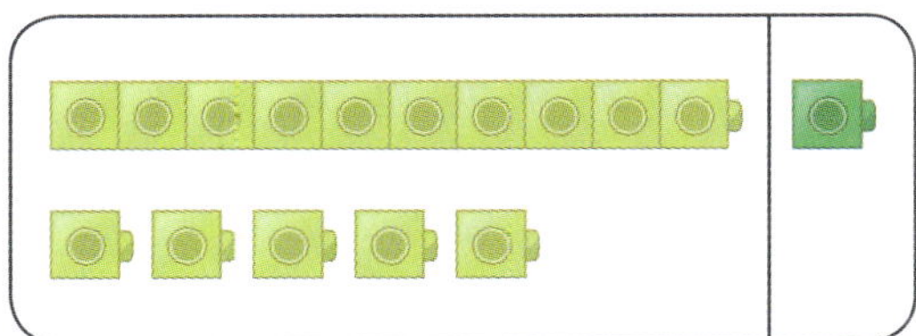

$$15 + 1 = \boxed{}$$

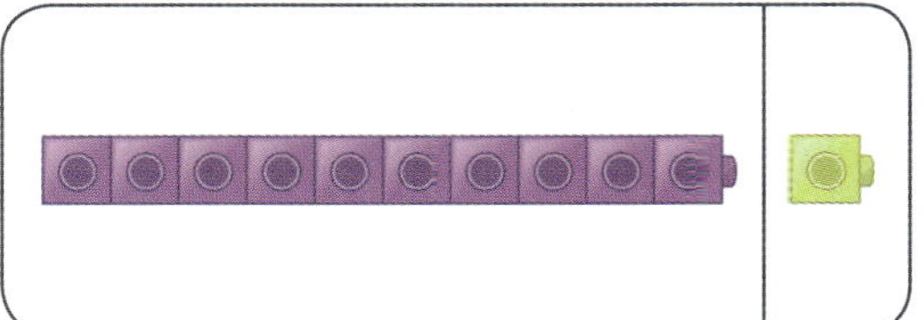

$$10 + 1 = \boxed{}$$

태경이가 하나 더 색칠하여 더하기 1을 알아보려고 해요.

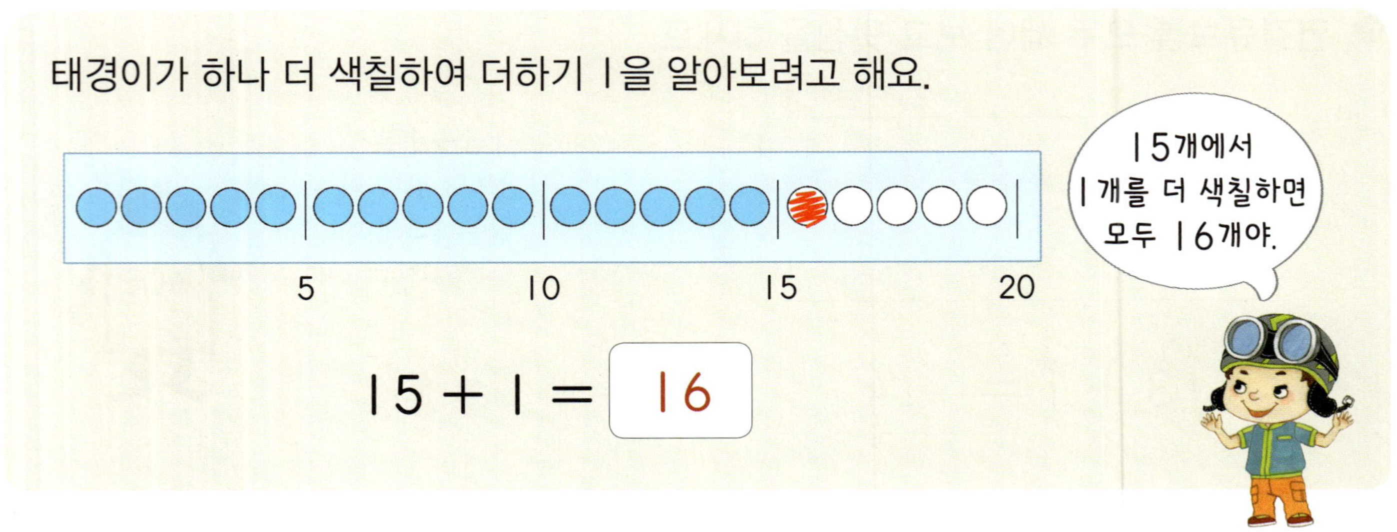

$$15 + 1 = \boxed{16}$$

🌳 하나 더 색칠하고 덧셈을 하세요.

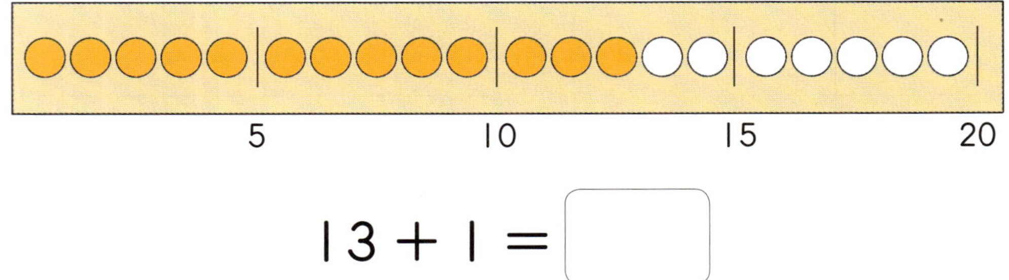

$$13 + 1 = \boxed{}$$

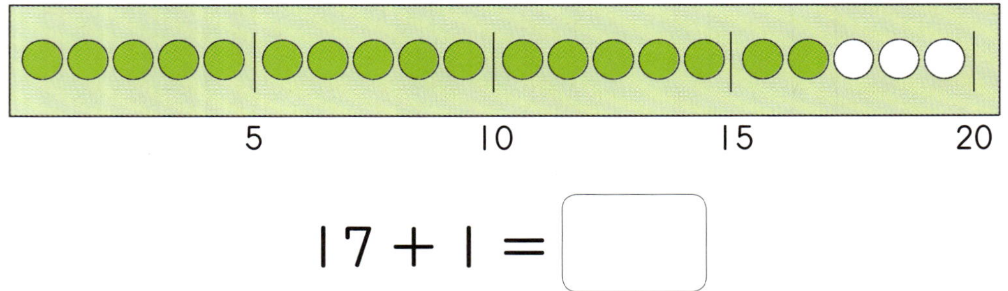

$$17 + 1 = \boxed{}$$

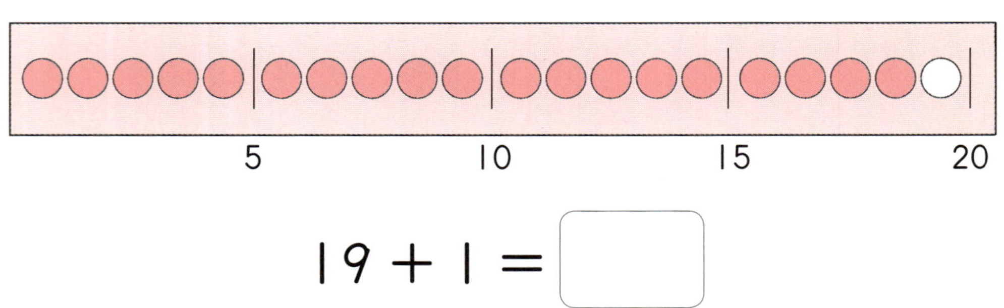

$$19 + 1 = \boxed{}$$

덧셈을 하세요.

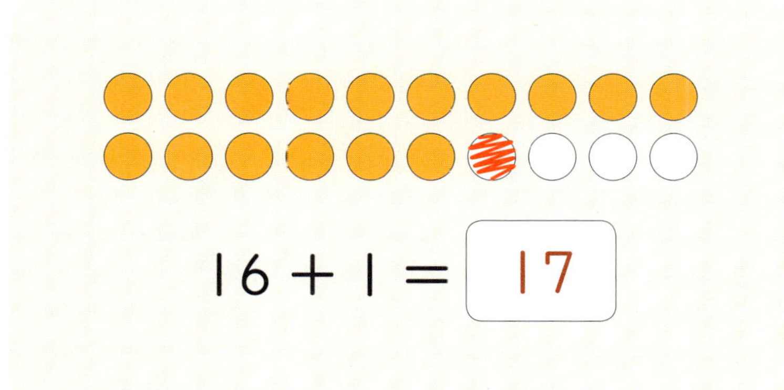

$16 + 1 = \boxed{17}$

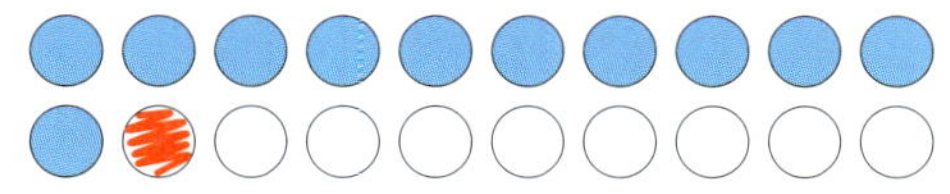

$11 + 1 = \boxed{}$

$13 + 1 = \boxed{}$

$18 + 1 = \boxed{}$

$10 + 1 = \boxed{}$

$12 + 1 = \boxed{}$

$15 + 1 = \boxed{}$

$19 + 1 = \boxed{}$

$17 + 1 = \boxed{}$

공부한 날

월

일

바꾸어 더하기

태경이가 저금한 돈이 얼마인지 알아보려고 해요.

$13 + 1 = \boxed{14}$

$1 + 13 = \boxed{14}$

🌳 그림을 보고 덧셈을 하세요.

$12 + 1 = \boxed{}$

$1 + 12 = \boxed{}$

$15 + 1 = \boxed{}$

$1 + 15 = \boxed{}$

$18 + 1 = \boxed{}$

$1 + 18 = \boxed{}$

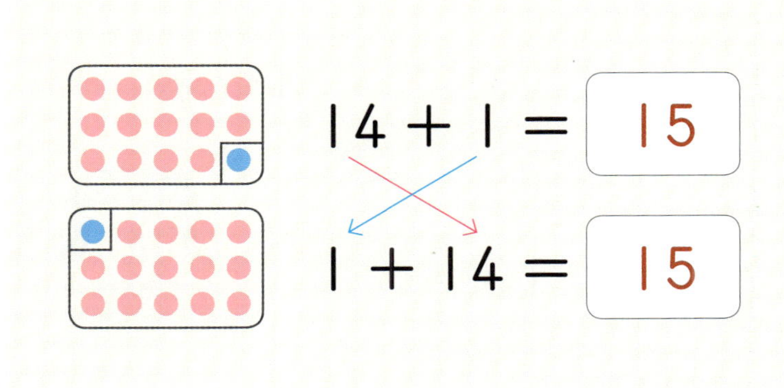

$$14 + 1 = \boxed{15}$$

$$1 + 14 = \boxed{15}$$

$$18 + 1 = \boxed{}$$
$$1 + 18 = \boxed{}$$

$$16 + 1 = \boxed{}$$
$$1 + 16 = \boxed{}$$

$$19 + 1 = \boxed{}$$
$$1 + 19 = \boxed{}$$

$$11 + 1 = \boxed{}$$
$$1 + 11 = \boxed{}$$

$$10 + 1 = \boxed{}$$
$$1 + 10 = \boxed{}$$

$$17 + 1 = \boxed{}$$
$$1 + 17 = \boxed{}$$

지오와 태경이가 덧셈을 수 카드로 공부하고 있어요.

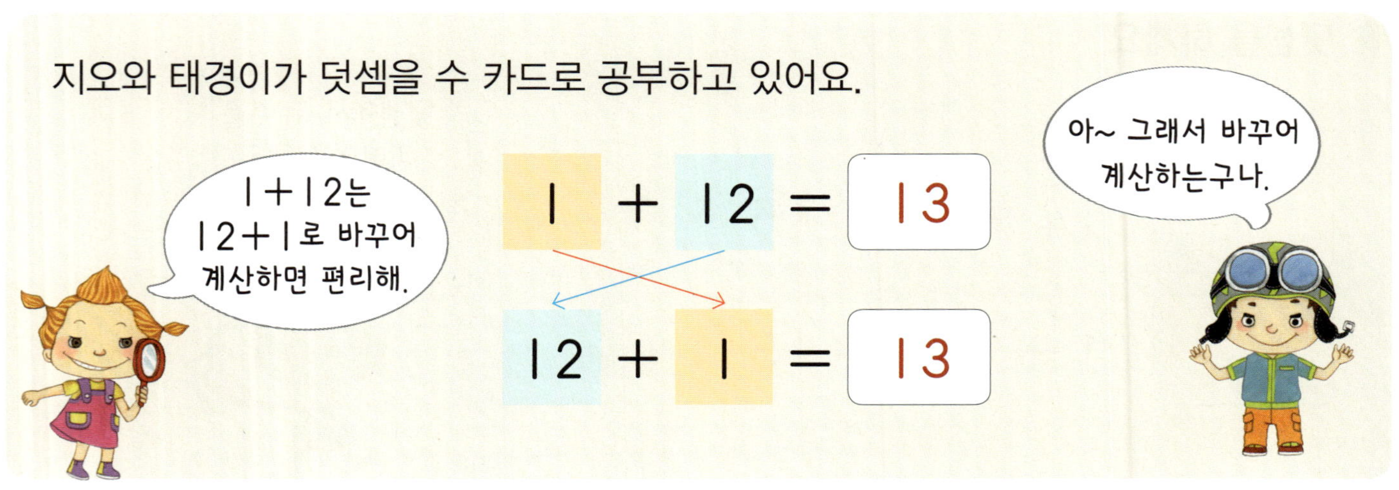

바꾸어 더해도 계산 결과는 같아요. ⬜ 안에 알맞은 수를 쓰세요.

1 + 13 = ⬜

13 + 1 = ⬜

1 + 11 = ⬜

11 + 1 = ⬜

1 + 16 = ⬜

16 + 1 = ⬜

1 + 14 = ⬜

14 + 1 = ⬜

1 + 18 = ⬜

18 + 1 = ⬜

1 + 17 = ⬜

17 + 1 = ⬜

덧셈을 하세요.

$$1 + 15 = \boxed{16}$$
$$15 + 1 = \boxed{16}$$

$$1 + 13 = \boxed{}$$
$$13 + 1 = \boxed{}$$

$$1 + 10 = \boxed{}$$
$$10 + 1 = \boxed{}$$

$$1 + 12 = \boxed{}$$
$$12 + 1 = \boxed{}$$

$$1 + 19 = \boxed{}$$
$$19 + 1 = \boxed{}$$

$$1 + 16 = \boxed{}$$
$$16 + 1 = \boxed{}$$

$$1 + 18 = \boxed{}$$
$$18 + 1 = \boxed{}$$

공부한 날

월

일

29 더하기 Ⅰ, Ⅰ 더하기

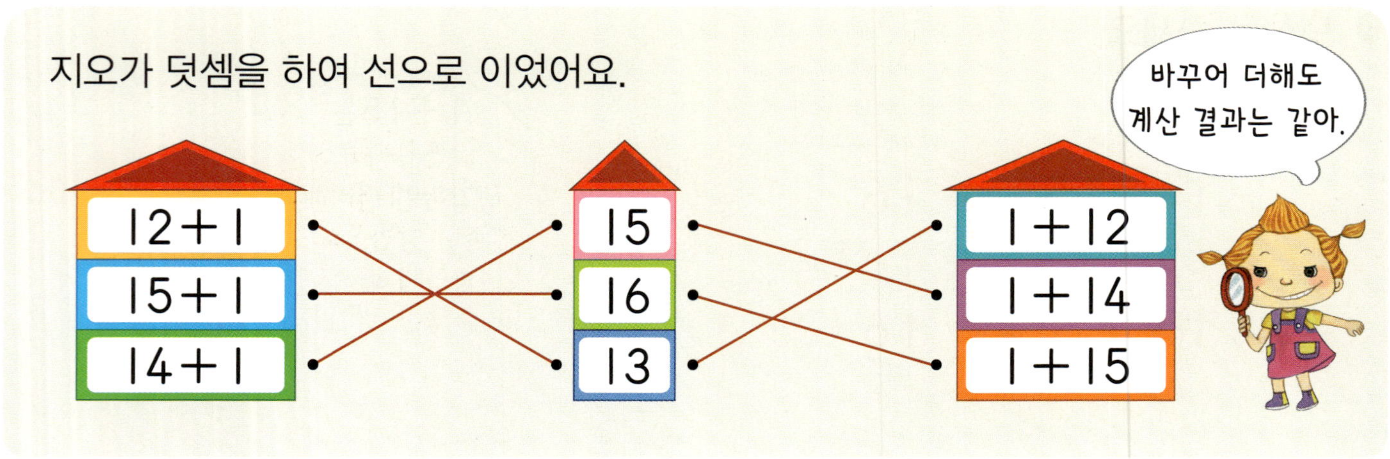

🌲 서로 관계있는 것끼리 선으로 이으세요.

10+1
13+1
11+1

11
12
14

1+13
1+11
1+10

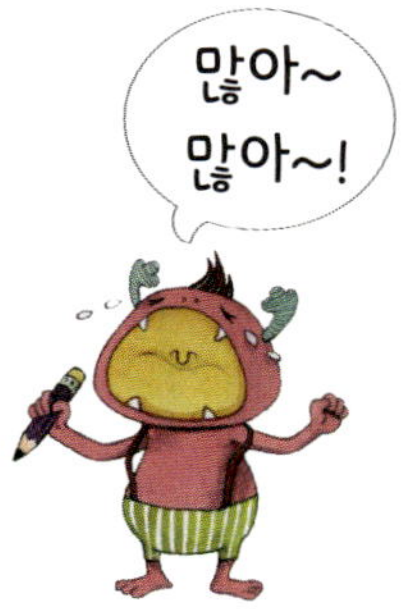

17+1
19+1
18+1

20
19
18

1+18
1+19
1+17

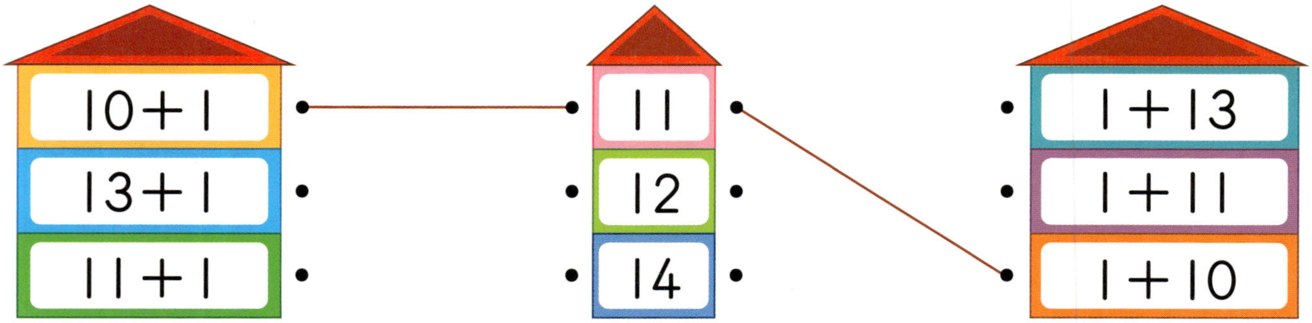

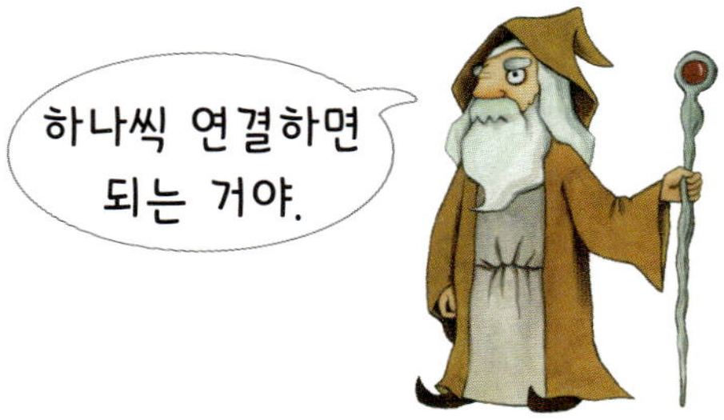

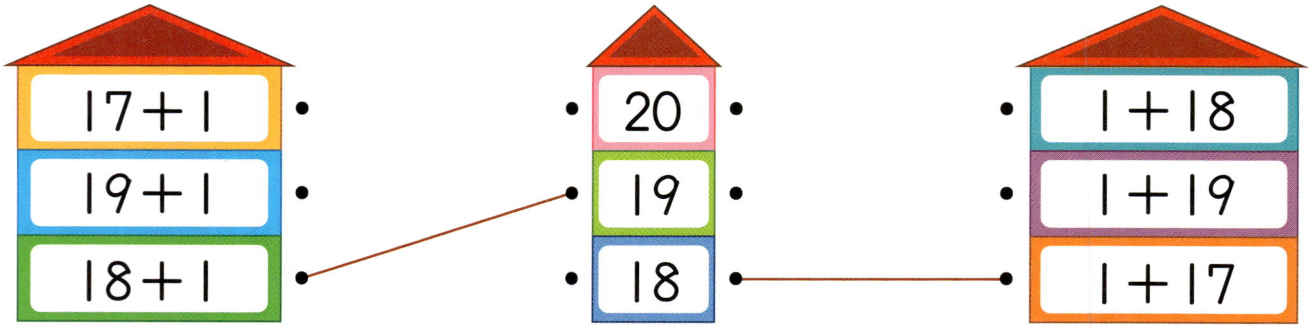

🌳 덧셈을 하세요.

$$1 + 11 = \boxed{12}$$

$$11 + 1 = \boxed{12}$$

$$14 + 1 = \boxed{}$$

$$13 + 1 = \boxed{}$$

$$1 + 10 = \boxed{}$$

$$1 + 18 = \boxed{}$$

$$19 + 1 = \boxed{}$$

$$15 + 1 = \boxed{}$$

$$1 + 16 = \boxed{}$$

$$1 + 12 = \boxed{}$$

지오와 태경이가 계산 결과가 올바른 식을 찾고 있어요.

🌳 계산 결과가 올바른 식에 ◯표 하세요.

16＋1＝18

1＋11＝12

12＋1＝11

1＋14＝15

18＋1＝19

1＋17＝20

17＋1＝18

1＋15＝17

15＋1＝17

1＋19＝20

13＋1＝14

1＋16＝18

계산 결과가 올바른 칸에 모두 ○표 하세요.

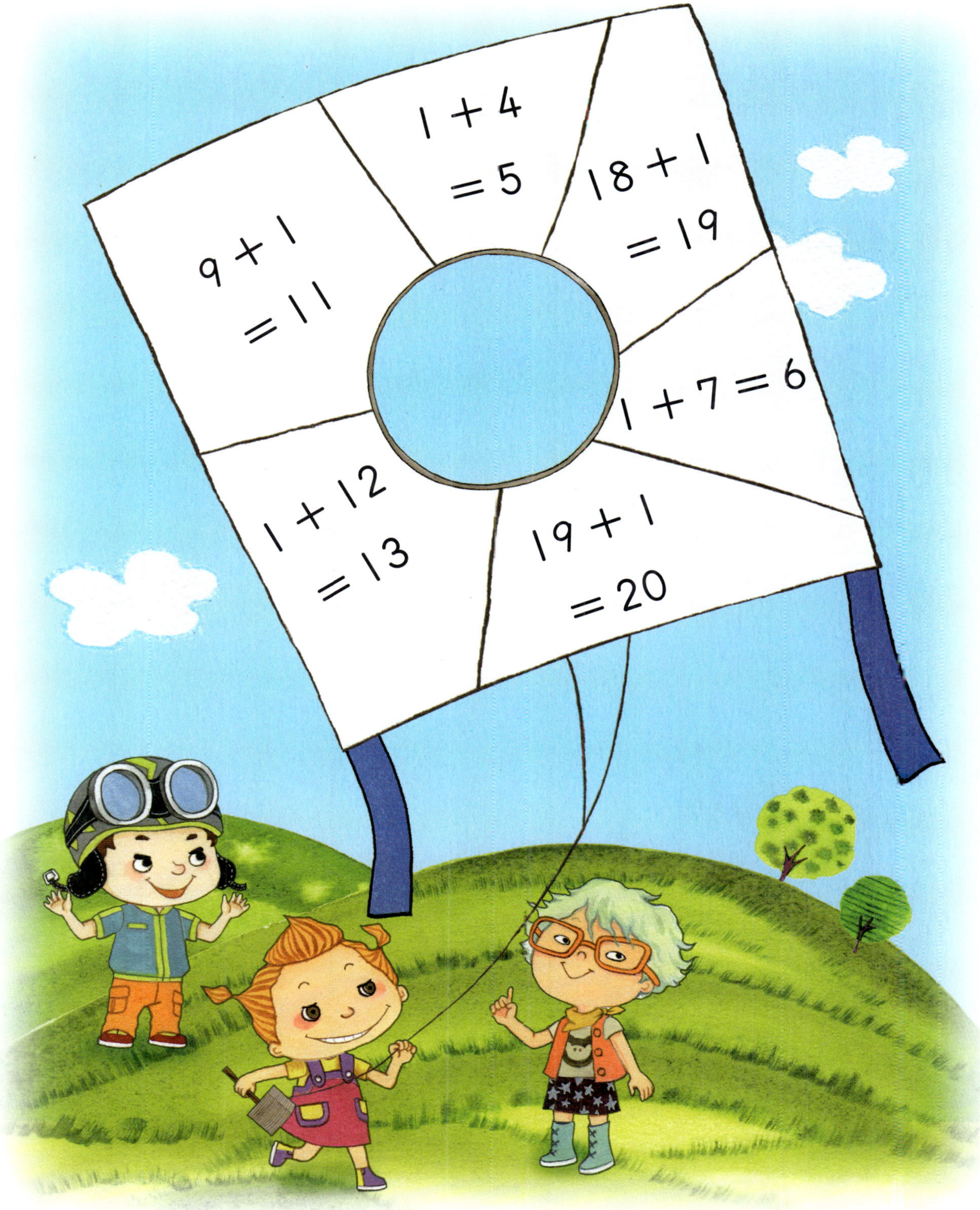
1 + 4 = 5
18 + 1 = 19
9 + 1 = 11
1 + 7 = 6
1 + 12 = 13
19 + 1 = 20

공부한 날

월

일

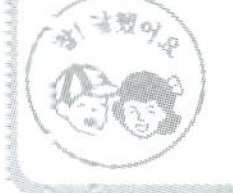

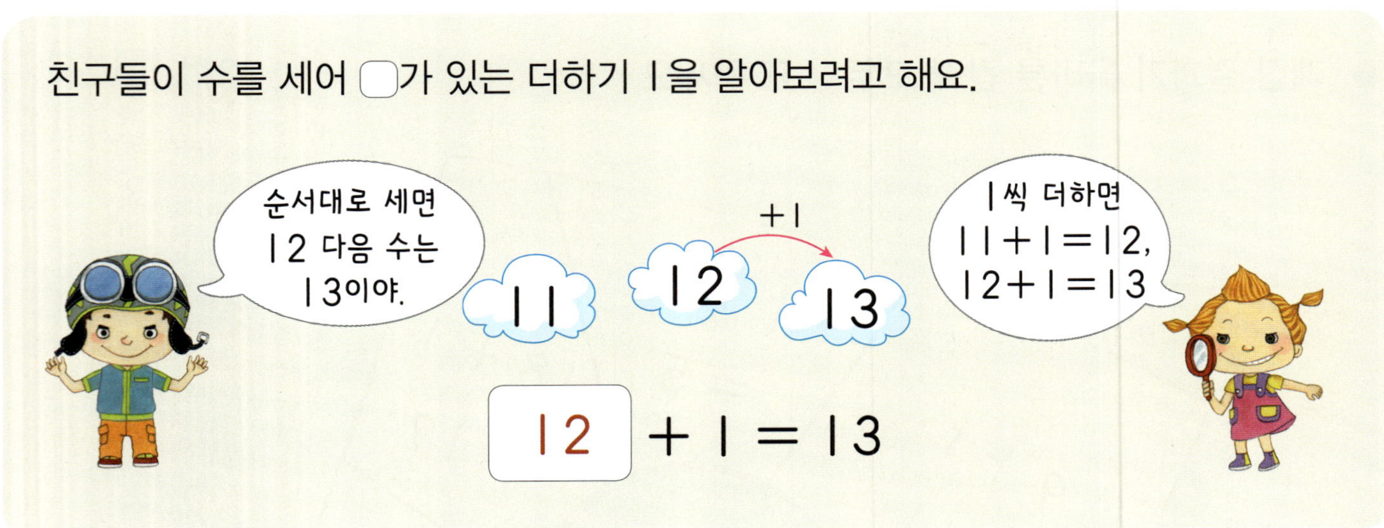

● □ 안에 알맞은 수를 쓰세요.

10　11　12

$$\boxed{} + 1 = 12$$

15　16　17

$$\boxed{} + 1 = 17$$

17　18　19

$$\boxed{} + 1 = 18$$

13　14　15

$$\boxed{} + 1 = 14$$

10　11　12

$$\boxed{} + 1 = 11$$

18　19　20

$$\boxed{} + 1 = 20$$

● ☐ 안에 알맞은 수를 쓰세요.

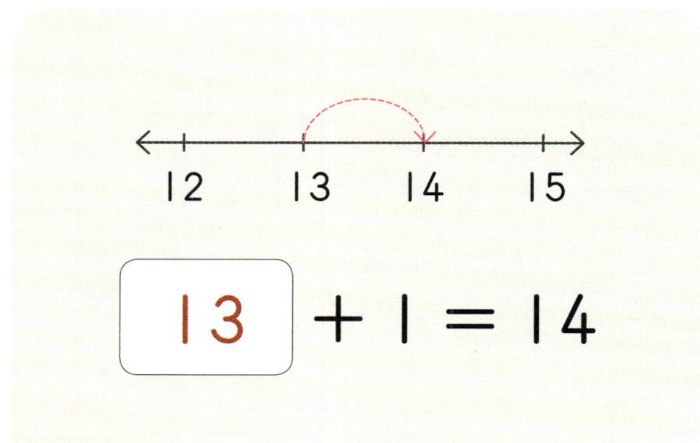

$$\boxed{13} + 1 = 14$$

☐ $+ 1 = 11$　　　　☐ $+ 1 = 16$

☐ $+ 1 = 20$　　　　☐ $+ 1 = 18$

☐ $+ 1 = 13$　　　　☐ $+ 1 = 19$

☐ $+ 1 = 15$　　　　☐ $+ 1 = 12$

태경이는 막대의 개수를 이용하여 덧셈을 공부하려고 해요.

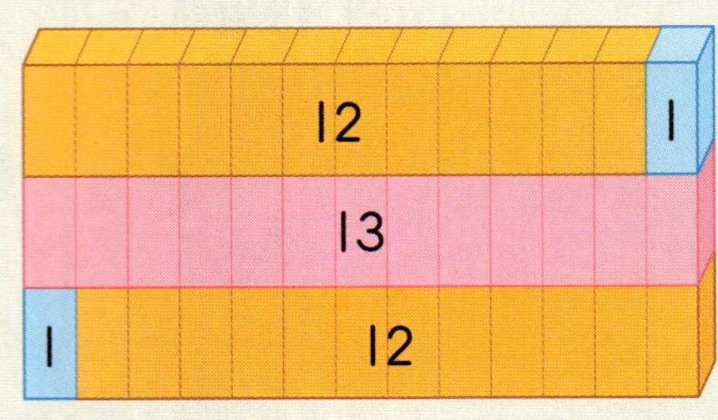

$$12 + 1 = 13$$

$$1 + 12 = 13$$

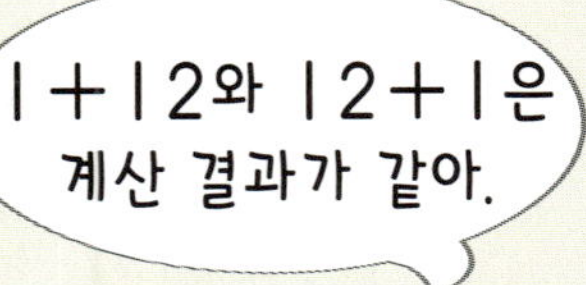

● ☐ 안에 알맞은 수를 쓰세요.

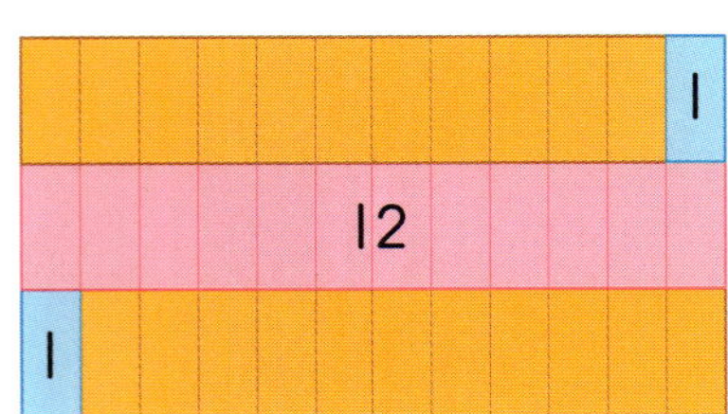

$$\boxed{} + 1 = 11$$

$$1 + \boxed{} = 11$$

$$\boxed{} + 1 = 12$$

$$1 + \boxed{} = 12$$

$$\boxed{} + 1 = 17$$

$$1 + \boxed{} = 17$$

□ 안에 알맞은 수를 쓰세요.

$$1 + \boxed{15} = 16$$

$$\boxed{15} + 1 = 16$$

$$1 + \boxed{} = 14 \qquad 1 + \boxed{} = 12$$

$$\boxed{} + 1 = 18 \qquad \boxed{} + 1 = 19$$

$$1 + \boxed{} = 15 \qquad 1 + \boxed{} = 13$$

$$\boxed{} + 1 = 17 \qquad \boxed{} + 1 = 20$$

🌲 빈 곳에 알맞은 수를 쓰고 덧셈을 하세요.

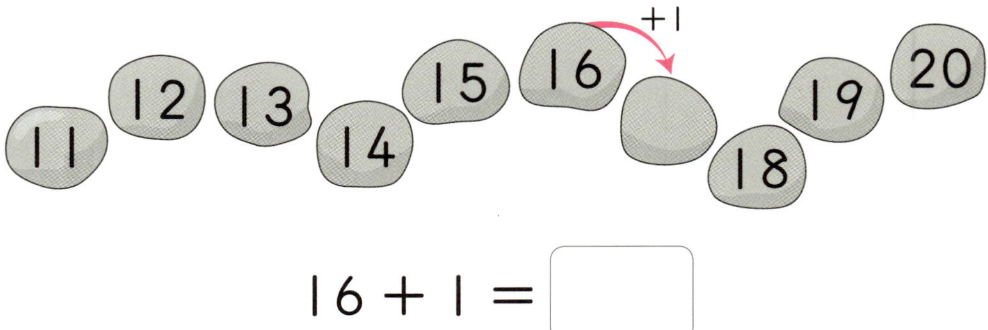

$$16 + 1 = \boxed{}$$

🌲 연결큐브를 모두 세어 덧셈을 하세요.

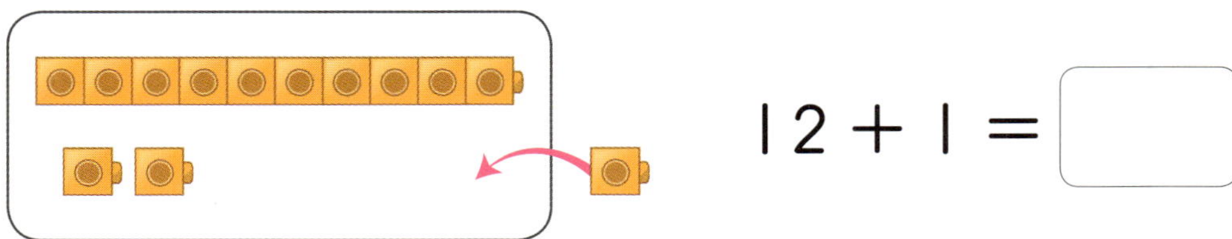

$$12 + 1 = \boxed{}$$

🌲 덧셈을 하세요.

$$13 + 1 = \boxed{} \qquad 19 + 1 = \boxed{}$$

🌲 그림을 보고 덧셈을 하세요.

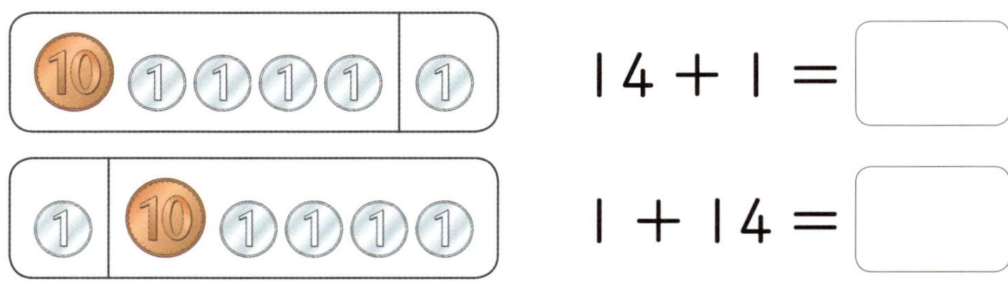

$$14 + 1 = \boxed{}$$

$$1 + 14 = \boxed{}$$

🌲 덧셈을 하세요.

$15 + 1 = \boxed{}$

$1 + 15 = \boxed{}$

$17 + 1 = \boxed{}$

$1 + 17 = \boxed{}$

🌲 서로 관계있는 것끼리 선으로 이으세요.

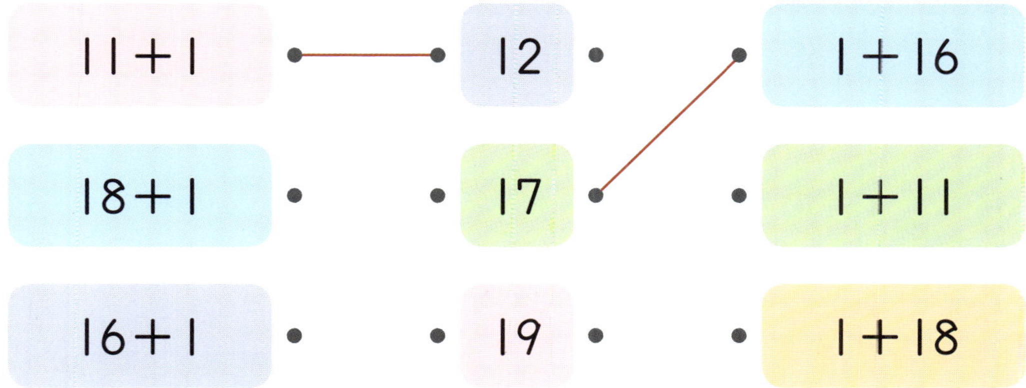

🌲 ⬜ 안에 알맞은 수를 쓰세요.

12   13   14

$\boxed{} + 1 = 14$

17   18   19

$\boxed{} + 1 = 18$

연산력 게임

| 큰 수를 찾아요

빈 곳에 알맞은 수는 무엇일까요?

주어진 두 수를 모아서 센 수를 오른쪽에서 찾아 빈 곳에 넣으세요.
14를 넣으면 정답입니다.

완두콩에 써 있는 두 수의 덧셈을 해 보세요.

완두콩에 써 있는 두 수의 덧셈 결과를 아래의 세 콩 중에서 찾아 빈 곳에 넣으세요.
12를 넣으면 정답입니다.

우리는 완두콩 가족

|0까지의 빼기 |

31 전의 수와 하나 더 적은 수 ⋯⋯⋯⋯⋯⋯⋯ 54

32 빼기 |은 전의 수 ⋯⋯⋯⋯⋯⋯⋯ 58

33 빼기 |은 하나 더 적은 수 ⋯⋯⋯⋯⋯⋯⋯ 62

34 □가 있는 빼기 | ⋯⋯⋯⋯⋯⋯⋯ 66

35 더하기 |과 빼기 | ⋯⋯⋯⋯⋯⋯⋯ 70

무엇을 배웠을까요 ⋯⋯⋯⋯⋯⋯⋯ 74

▶ 연산 보충 학습(106~107쪽)에서 더 풀어 보세요.

학부모 지도 가이드

이번 차시에서는 뺄셈에 대한 개념을 처음 공부합니다.
주어진 수를 양의 개념으로 바꾸어 하나를 지워서 알아보거나 거꾸로 세기를 통해 하나 적은 수를 찾아 빼기 |의 개념을 이해한 후 숫자와 기호로 된 뺄셈식을 풀어낼 수 있게 지도해 주세요.

$$3 \quad 4 \quad 5 \quad 6 \qquad 4 - | = 3 \qquad \bullet\bullet\bullet\bullet\oslash \qquad 5 - | = 4$$

보통 아이들은 덧셈보다는 뺄셈을 더 어려워하는 경향이 있으니 특히 덧셈의 상황과 뺄셈의 상황을 함께 설명한 **35.** 더하기 |과 빼기 |을 특히 잘 이해하도록 알려 주세요.

전의 수와 하나 더 적은 수

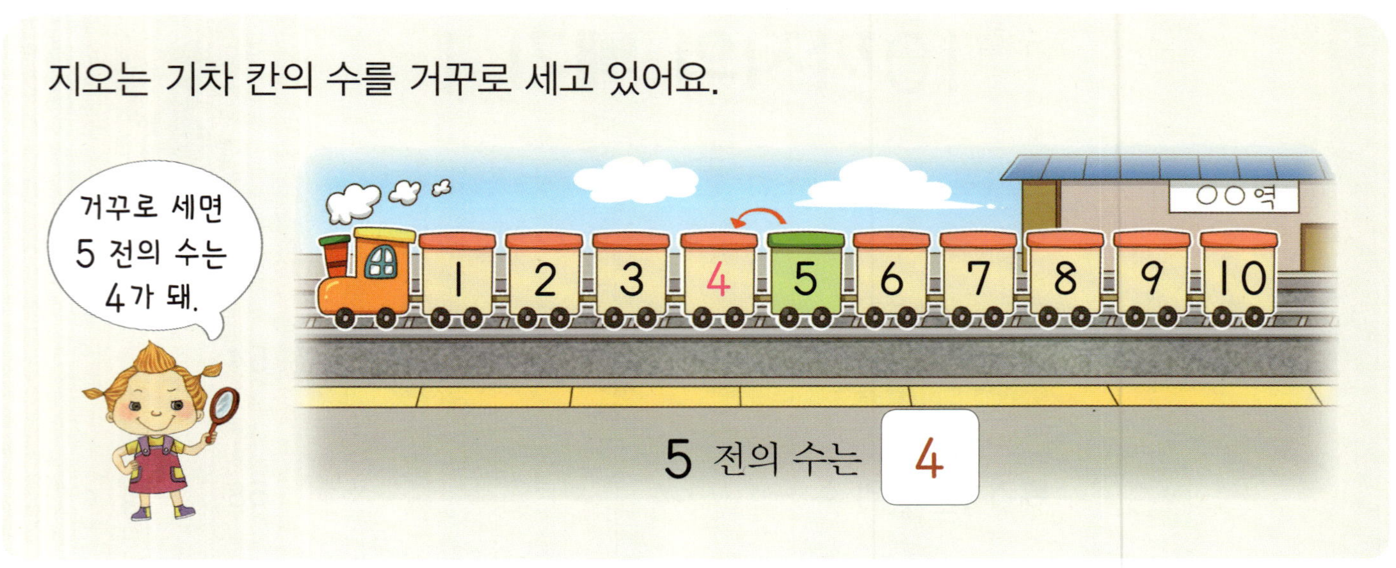

🌳 색칠된 칸의 전의 수에 ◯표 하고 ⬜ 안에 알맞은 수를 쓰세요.

거꾸로 세어 전의 수를 쓰세요.

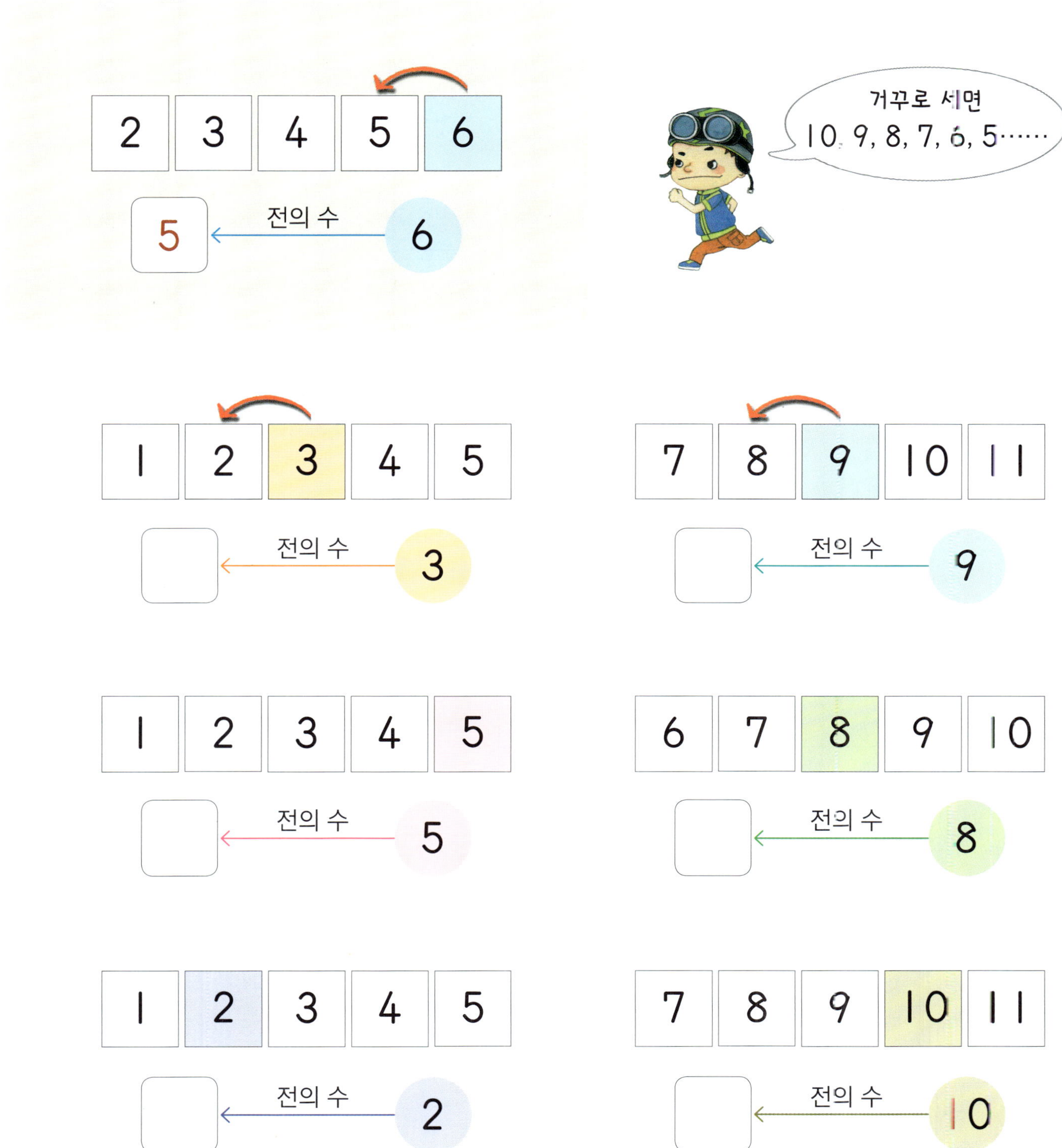

태경이는 감 7개 중에서 한 개를 친구에게 주고, 남은 것을 세어 보았어요.

/로 하나를 지우고 하나 더 적은 수를 쓰세요.

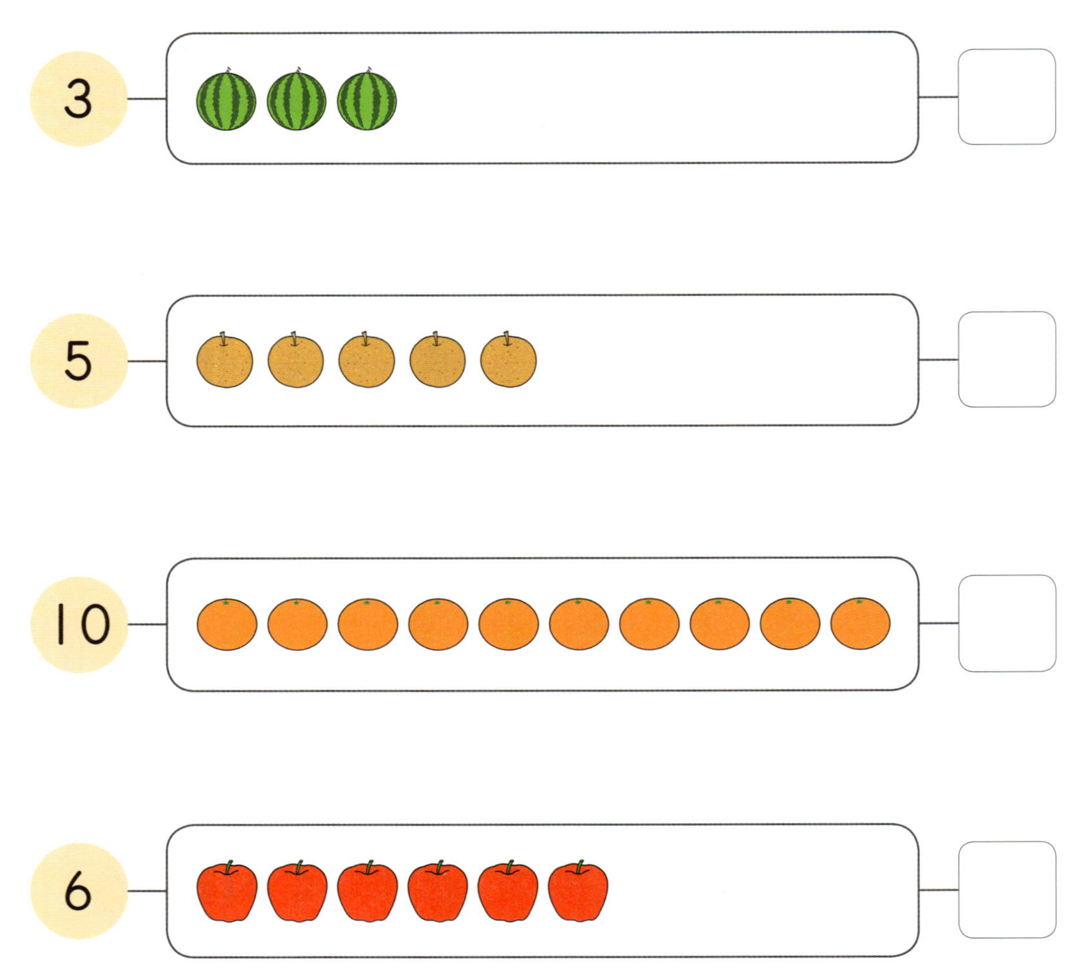

하나 더 적은 수

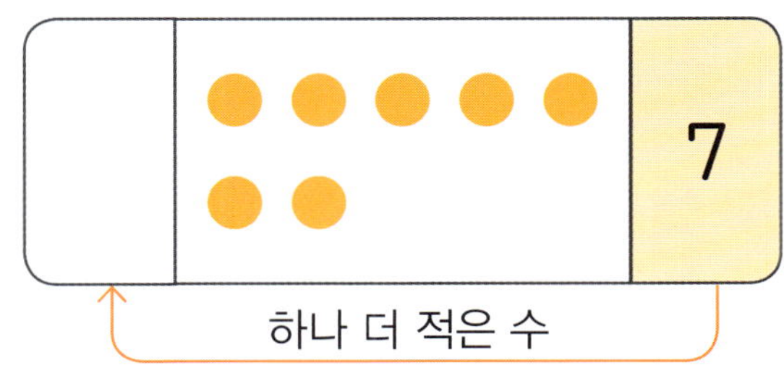

하나 더 적은 수

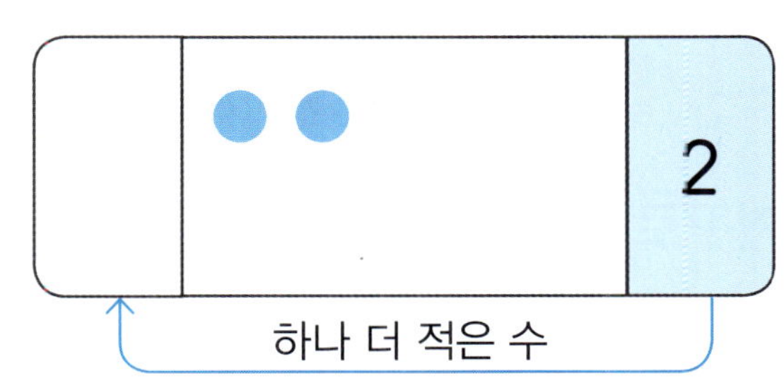

하나 더 적은 수

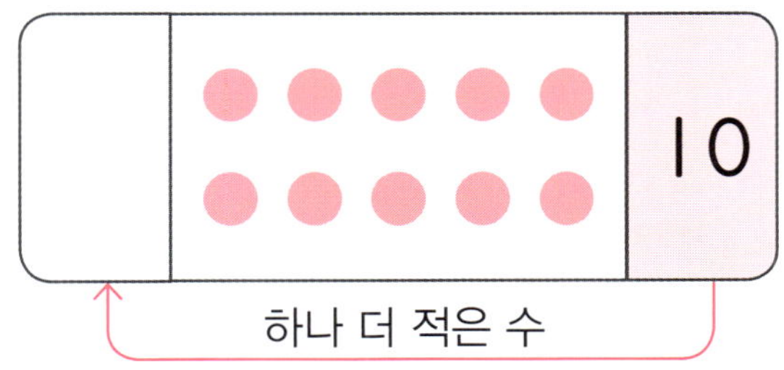

하나 더 적은 수

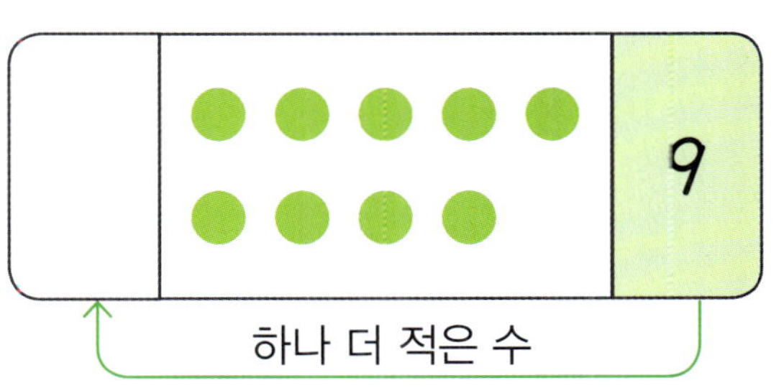

하나 더 적은 수

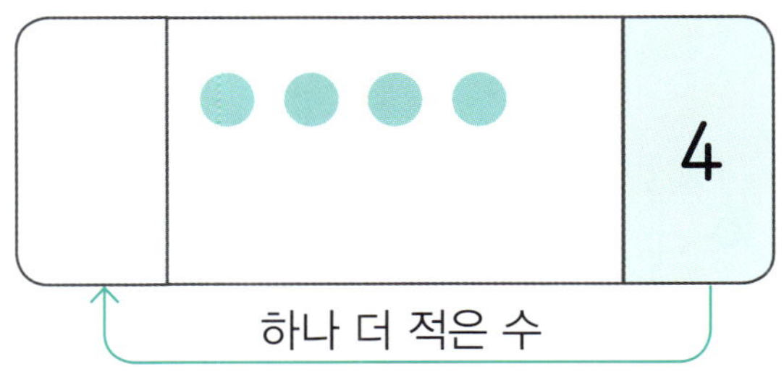

하나 더 적은 수

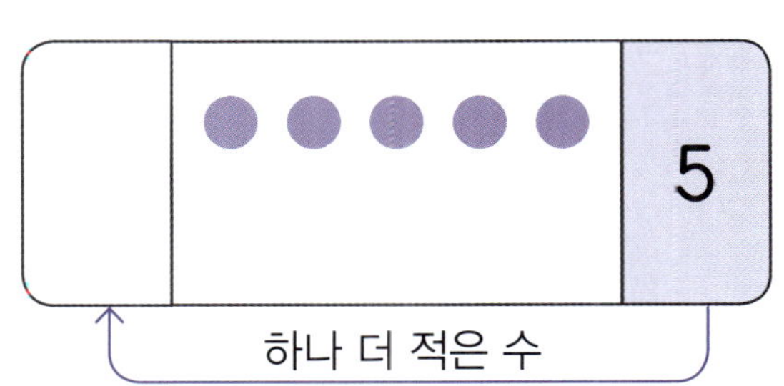

하나 더 적은 수

32 빼기 |은 전의 수

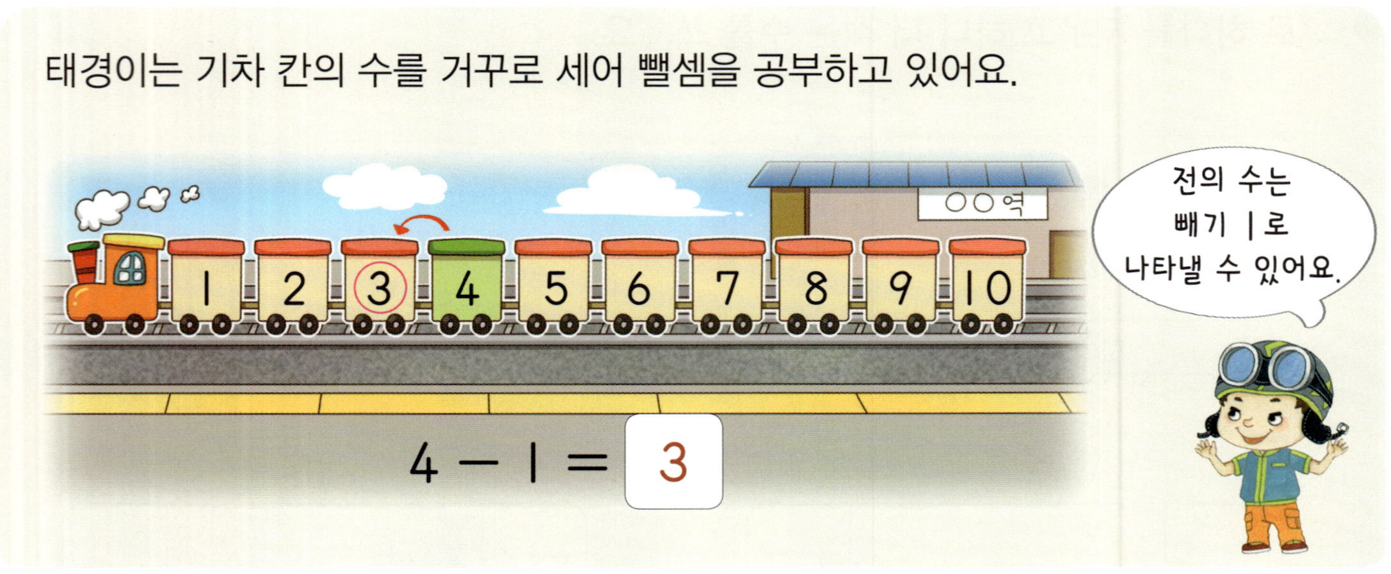

🌳 거꾸로 세어 색칠된 칸의 전의 수에 ◯표 하고 뺄셈을 하세요.

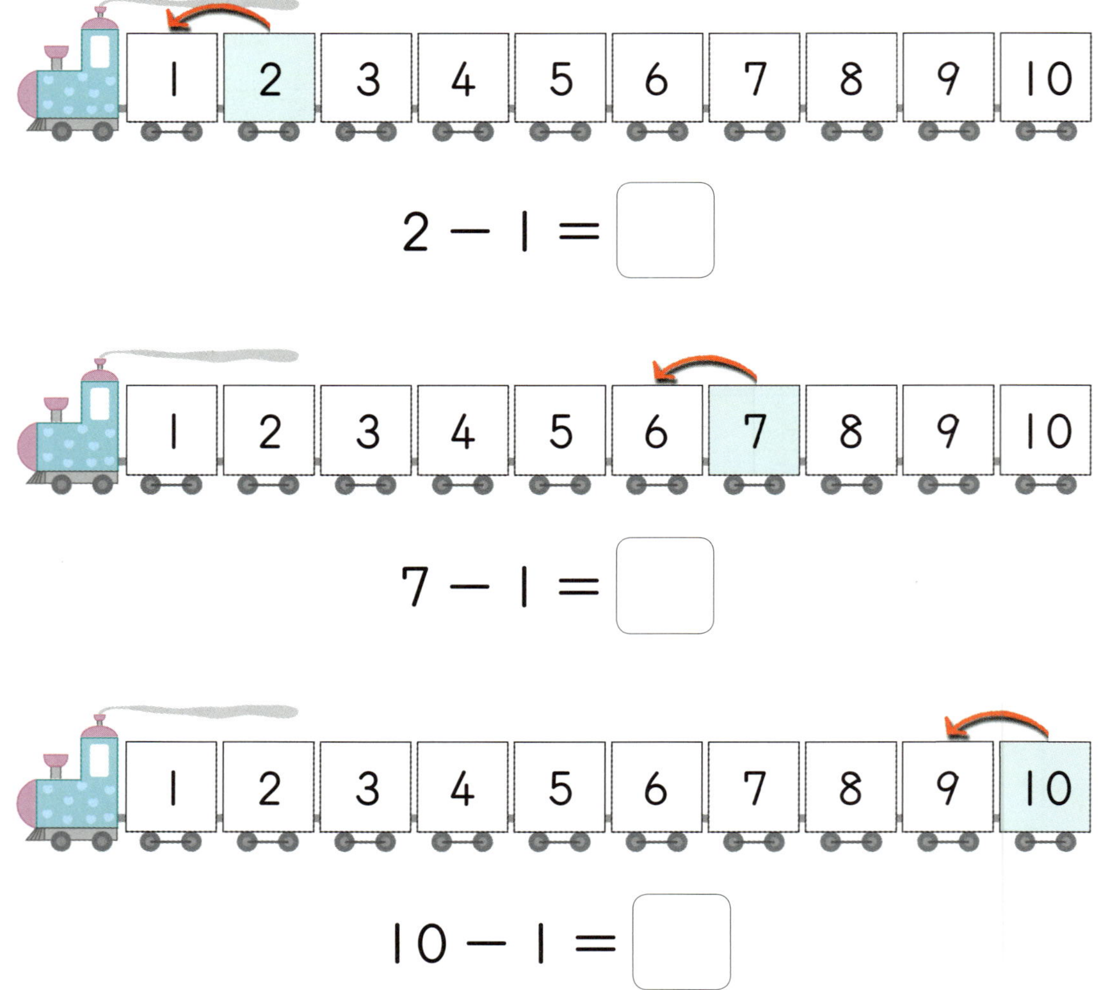

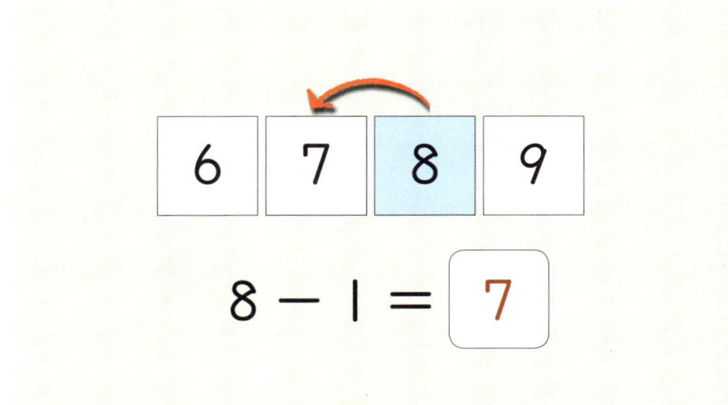

$$8 - 1 = \boxed{7}$$

$$4 - 1 = \boxed{}$$

$$6 - 1 = \boxed{}$$

$$10 - 1 = \boxed{}$$

$$5 - 1 = \boxed{}$$

$$3 - 1 = \boxed{}$$

$$9 - 1 = \boxed{}$$

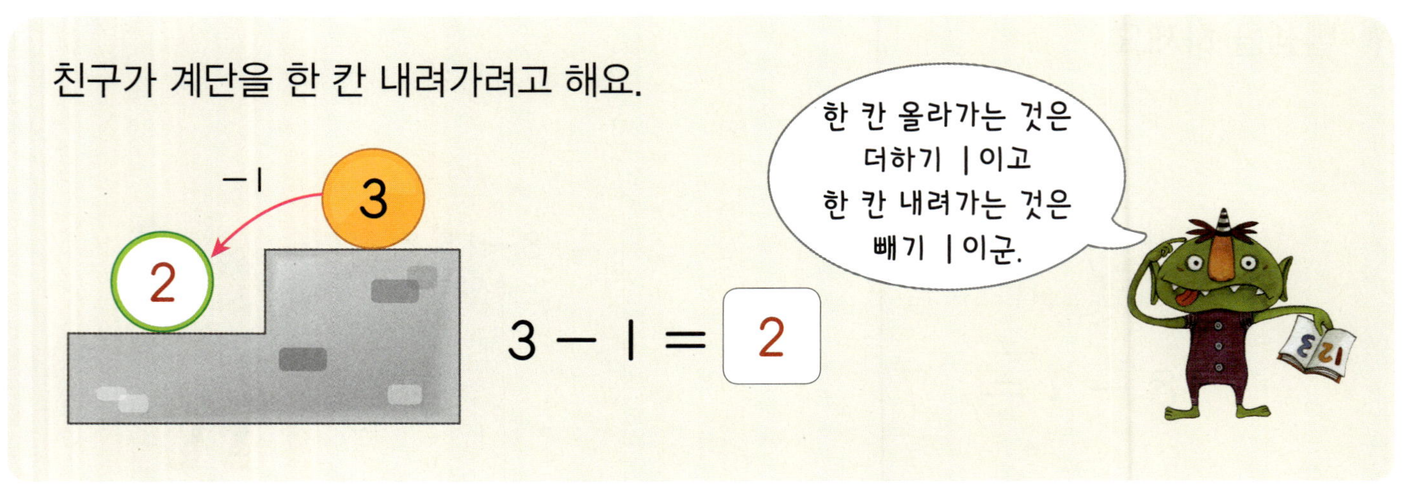

🌳 빈 곳에 알맞은 수를 쓰고 뺄셈을 하세요.

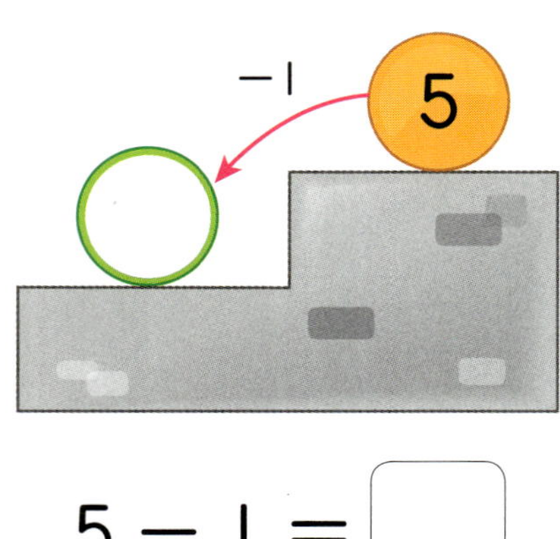

$$5 - 1 = \boxed{}$$

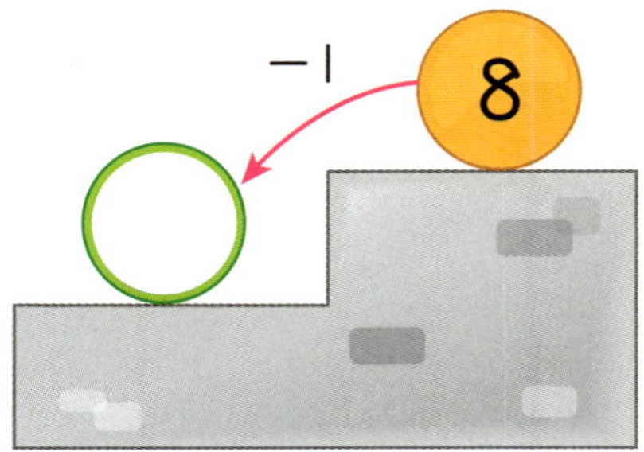

$$8 - 1 = \boxed{}$$

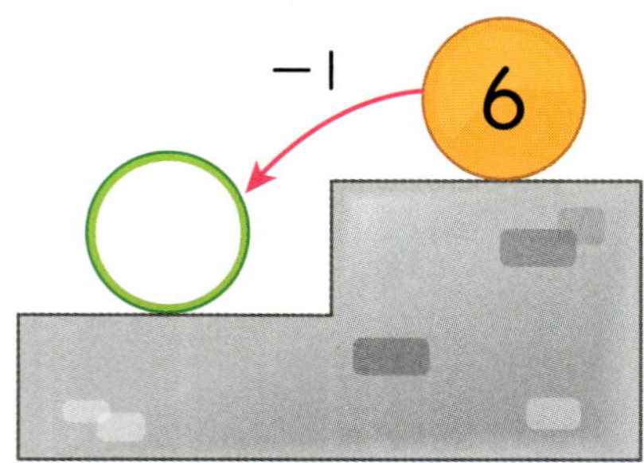

$$6 - 1 = \boxed{}$$

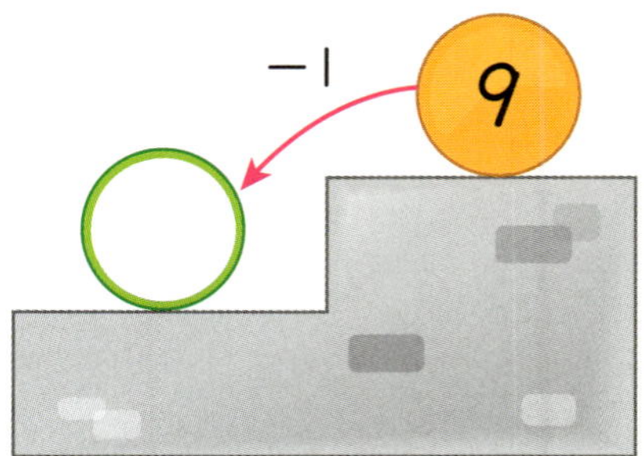

$$9 - 1 = \boxed{}$$

빼셈을 하세요.

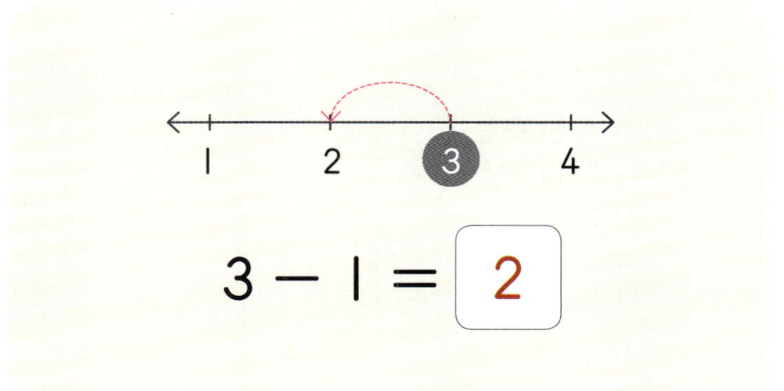

$$3 - 1 = \boxed{2}$$

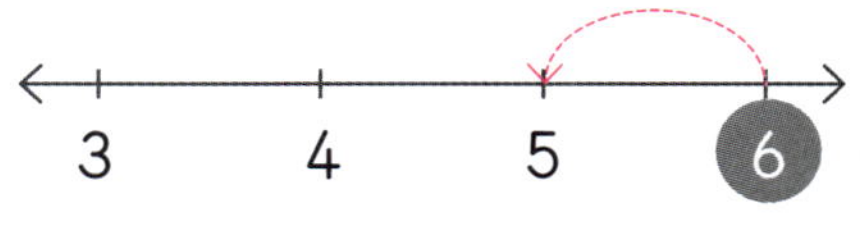

$$6 - 1 = \boxed{}$$

$$4 - 1 = \boxed{}$$

$$9 - 1 = \boxed{}$$

$$5 - 1 = \boxed{}$$

$$2 - 1 = \boxed{}$$

$$10 - 1 = \boxed{}$$

$$8 - 1 = \boxed{}$$

$$7 - 1 = \boxed{}$$

33 빼기 |은 하나 더 적은 수

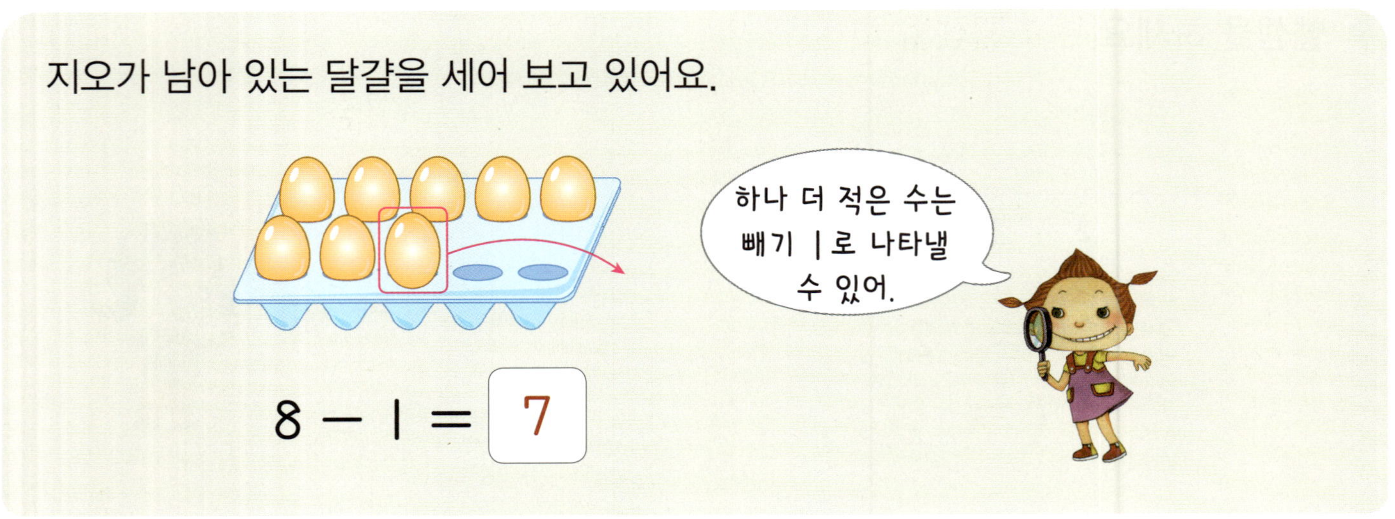

🌳 남아 있는 달걀을 세어 뺄셈을 하세요.

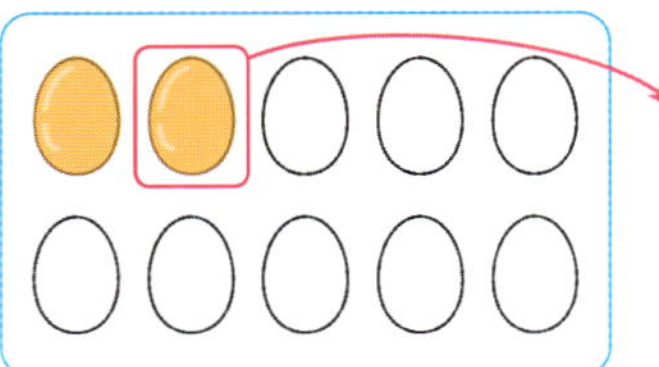

$2 - | = \boxed{}$

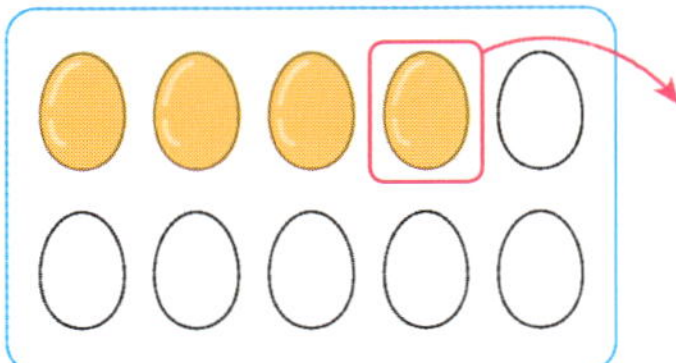

$4 - | = \boxed{}$

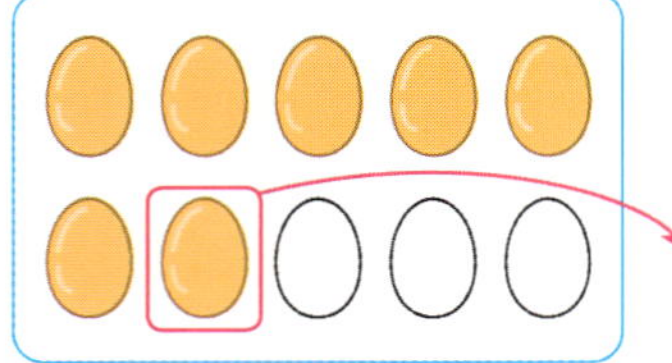

$7 - | = \boxed{}$

$|0 - | = \boxed{}$

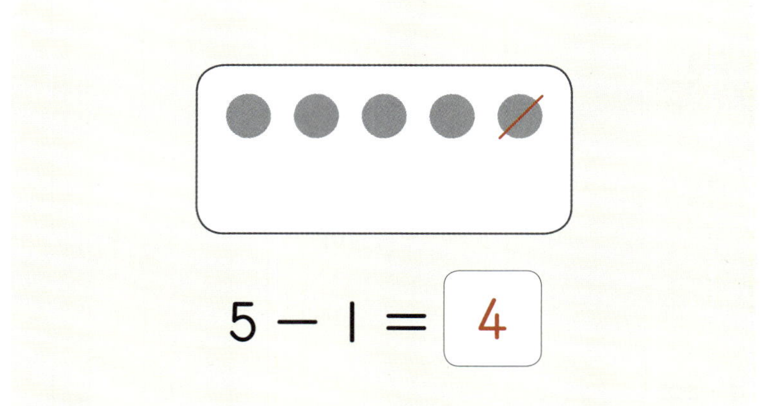

$$5 - 1 = \boxed{4}$$

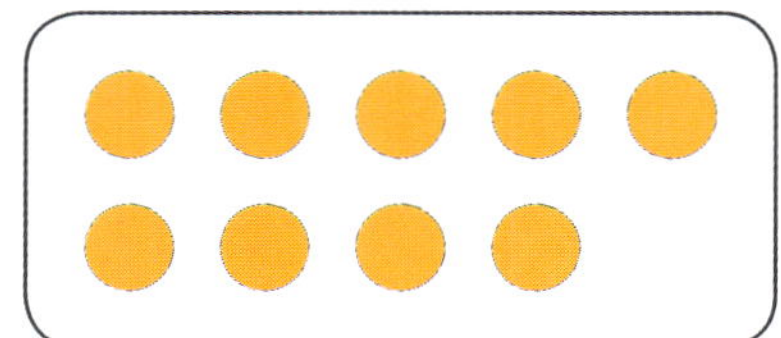

$$9 - 1 = \boxed{}$$

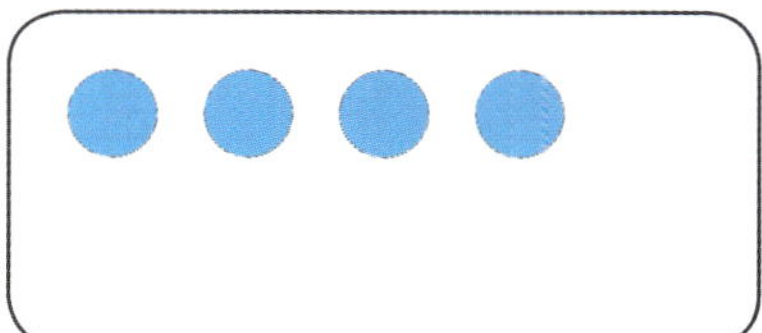

$$4 - 1 = \boxed{}$$

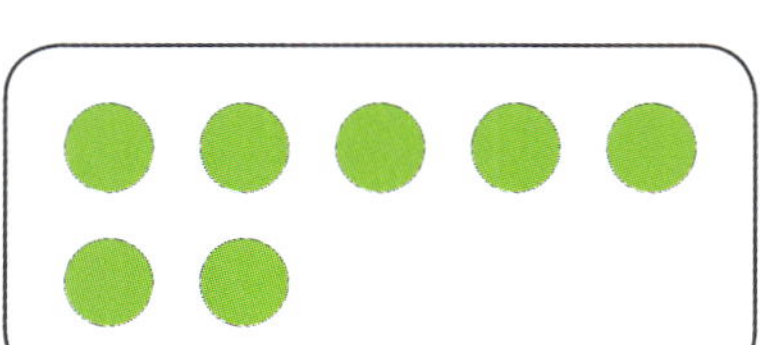

$$7 - 1 = \boxed{}$$

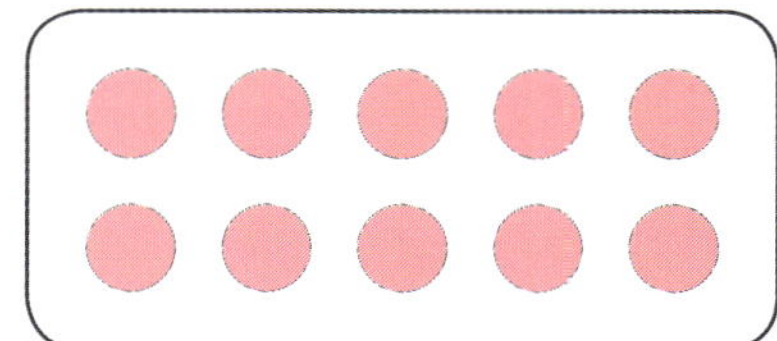

$$10 - 1 = \boxed{}$$

$$2 - 1 = \boxed{}$$

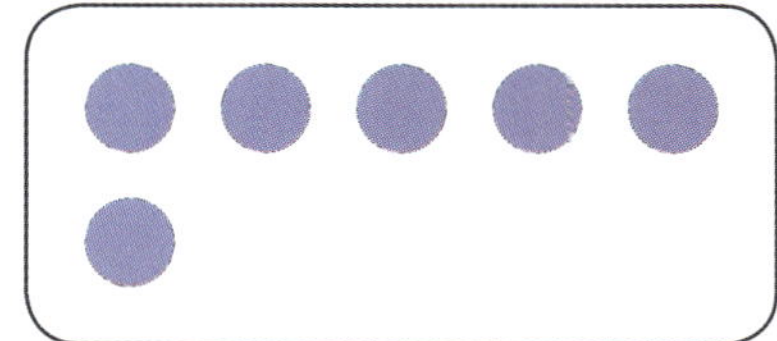

$$6 - 1 = \boxed{}$$

태경이는 지갑에 구슬을 6개 가지고 있었는데 하나를 뺐어요.

🌳 ╱로 구슬 한 개를 지우고 남은 구슬을 세어 뺄셈을 하세요.

5 − 1 = ☐

9 − 1 = ☐

3 − 1 = ☐

8 − 1 = ☐

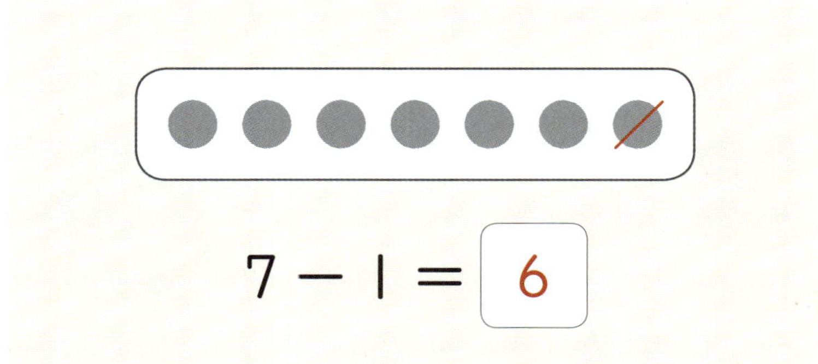

5 − 1 = ☐   9 − 1 = ☐

10 − 1 = ☐   6 − 1 = ☐

2 − 1 = ☐   3 − 1 = ☐

4 − 1 = ☐   8 − 1 = ☐

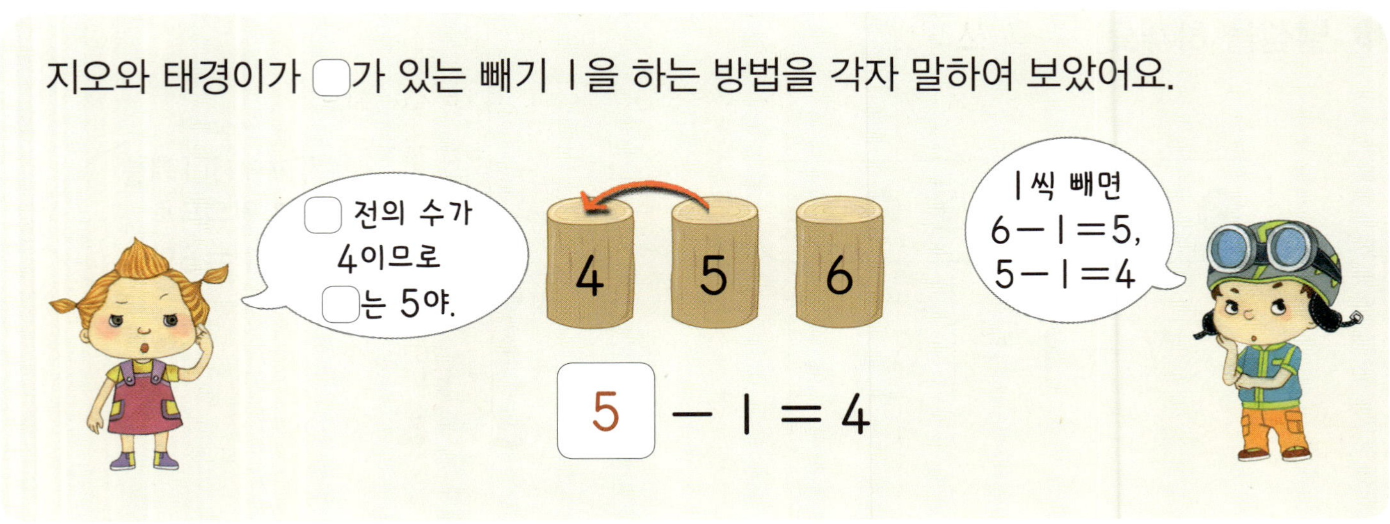

● □ 안에 알맞은 수를 쓰세요.

$$\boxed{} - 1 = 2$$

$$\boxed{} - 1 = 5$$

$$\boxed{} - 1 = 6$$

$$\boxed{} - 1 = 9$$

$$\boxed{} - 1 = 8$$

$$\boxed{} - 1 = 3$$

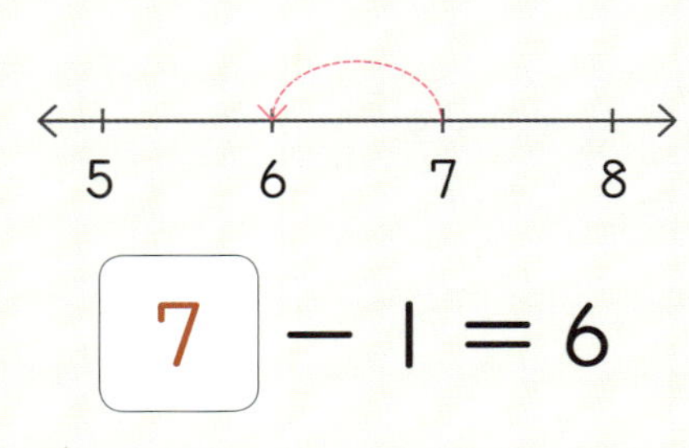

$$\boxed{7} - 1 = 6$$

$$\boxed{} - 1 = 4$$

$$\boxed{} - 1 = 1$$

$$\boxed{} - 1 = 8$$

$$\boxed{} - 1 = 3$$

$$\boxed{} - 1 = 9$$

$$\boxed{} - 1 = 7$$

$$\boxed{} - 1 = 5$$

$$\boxed{} - 1 = 2$$

🌳 처음에 실에 꿰여 있던 구슬 수를 세어 ☐ 안에 알맞은 수를 쓰세요.

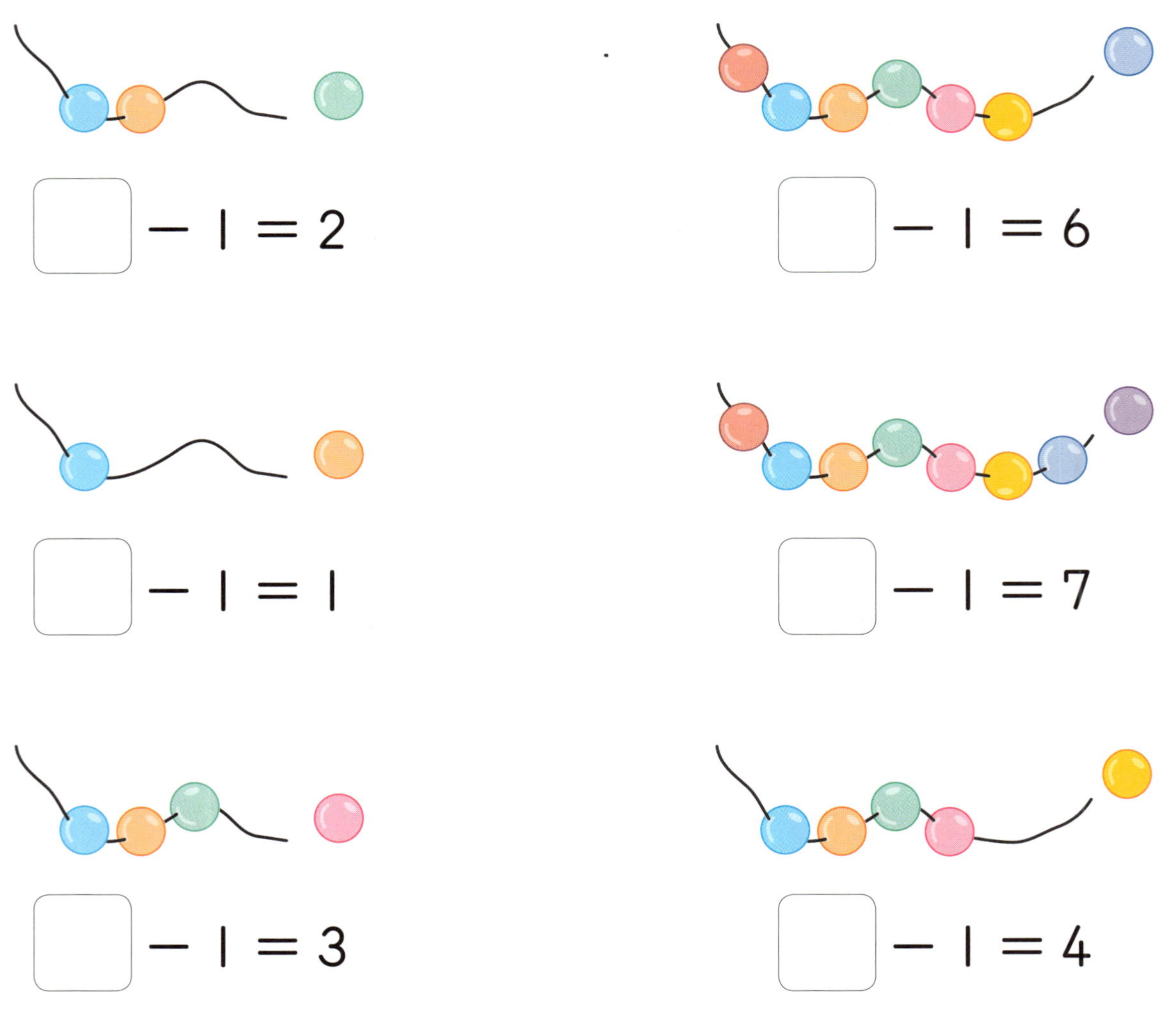

☐ − 1 = 2

☐ − 1 = 6

☐ − 1 = 1

☐ − 1 = 7

☐ − 1 = 3

☐ − 1 = 4

🌳 ☐ 안에 알맞은 수를 쓰세요.

$$\boxed{6} - 1 = 5$$

$$\boxed{} - 1 = 4$$

$$\boxed{} - 1 = 9$$

$$\boxed{} - 1 = 6$$

$$\boxed{} - 1 = 5$$

$$\boxed{} - 1 = 8$$

$$\boxed{} - 1 = 3$$

$$\boxed{} - 1 = 1$$

$$\boxed{} - 1 = 7$$

더하기 |과 빼기 |

태경이가 주차장에 있는 자동차 수를 세어 더하기와 빼기를 공부하고 있어요.

🌳 ☐ 안에 알맞은 수를 쓰세요.

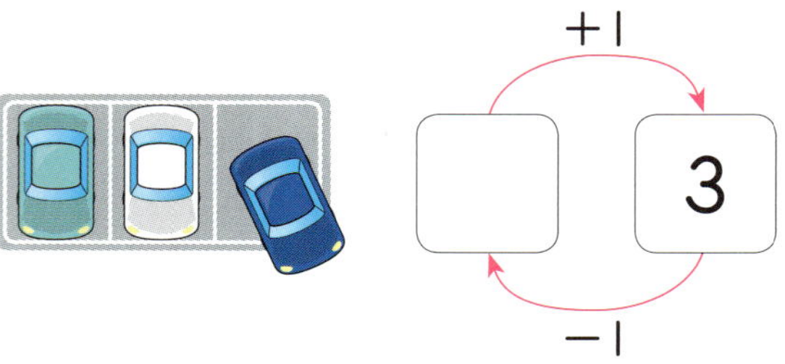

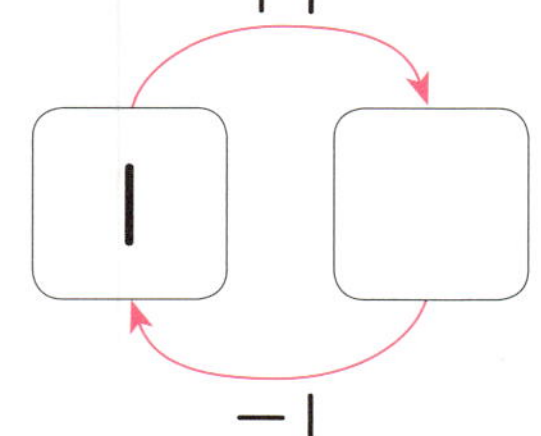

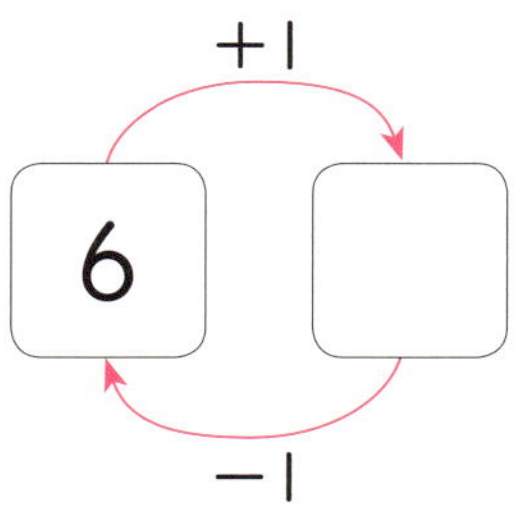

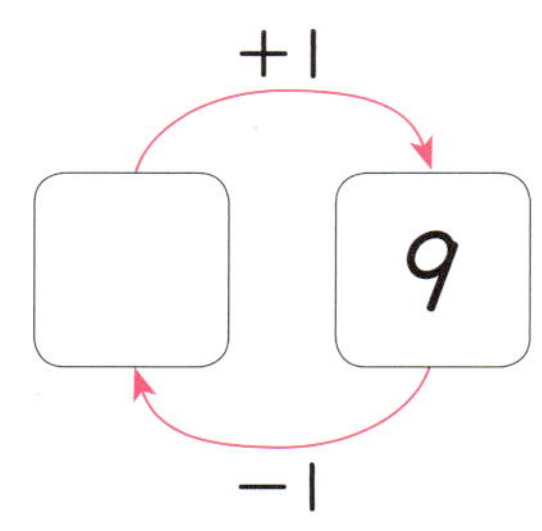

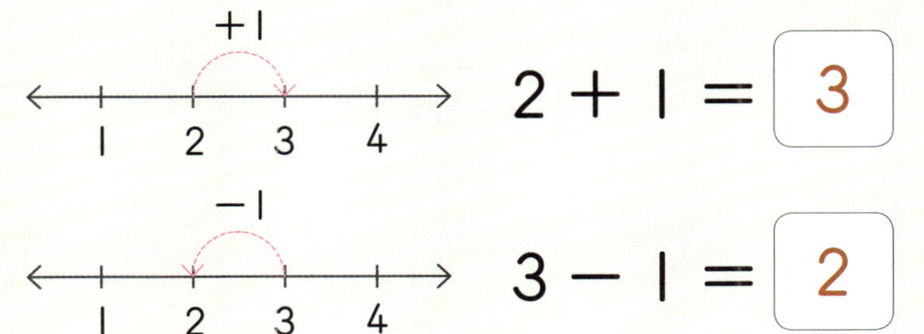

$2 + 1 = \boxed{3}$

$3 - 1 = \boxed{2}$

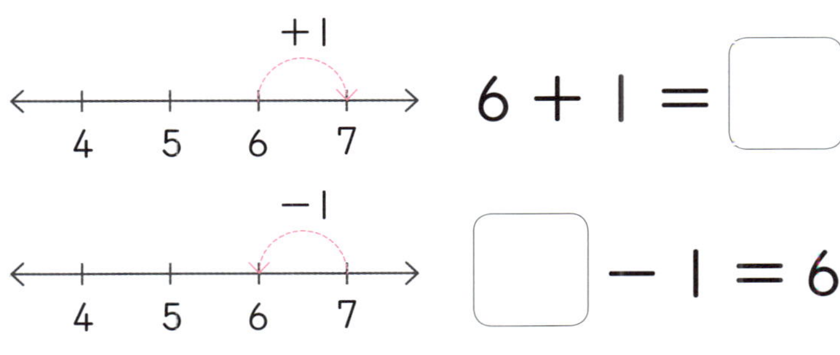

$6 + 1 = \boxed{}$

$\boxed{} - 1 = 6$

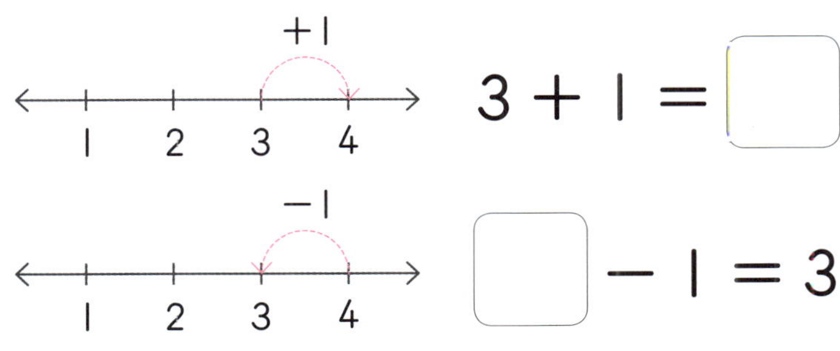

$3 + 1 = \boxed{}$

$\boxed{} - 1 = 3$

$7 + 1 = \boxed{}$

$\boxed{} - 1 = 7$

$\boxed{} + 1 = 6$

$6 - 1 = \boxed{}$

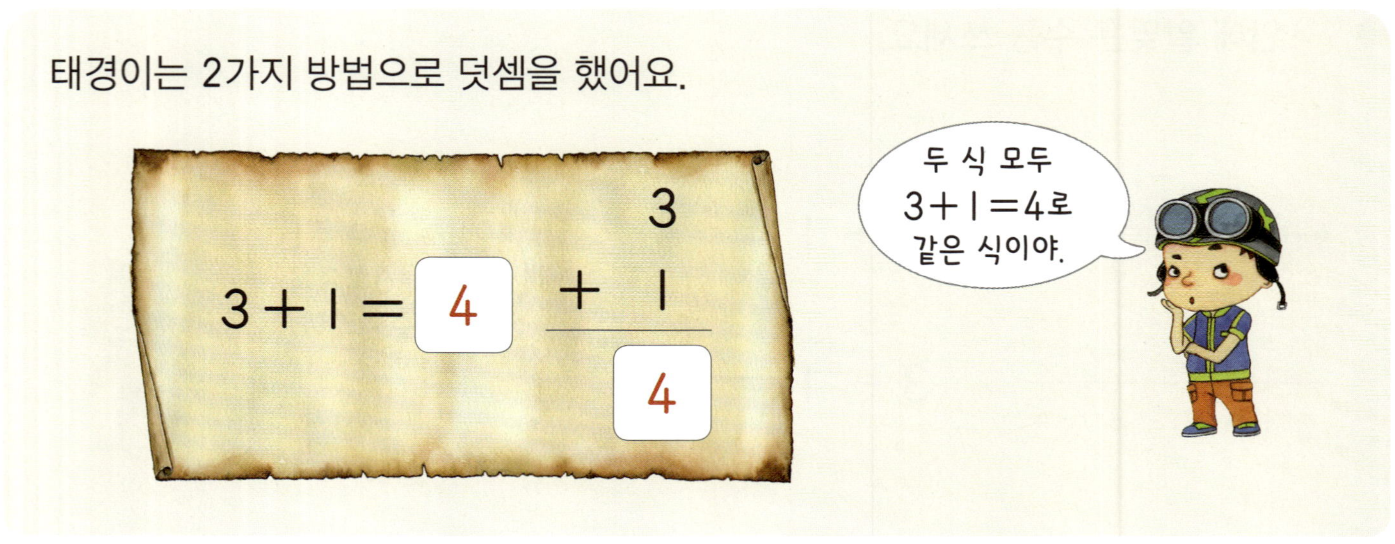

덧셈과 뺄셈을 하세요.

6＋1＝☐
6
＋ 1
☐

4－1＝☐
4
－ 1
☐

8＋1＝☐
8
＋ 1
☐

7－1＝☐
7
－ 1
☐

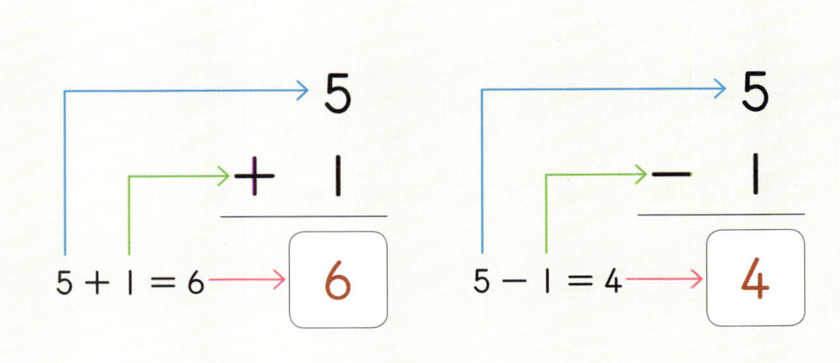

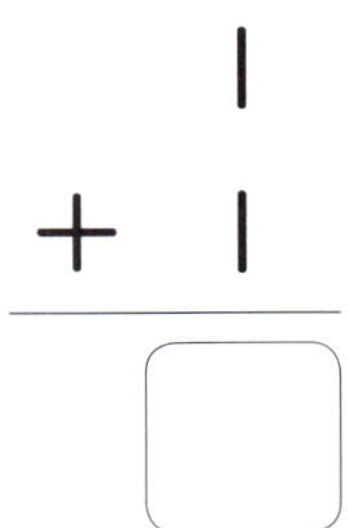

	1	3	8

$$1 + 1 = \square \qquad 3 + 1 = \square \qquad 8 + 1 = \square$$

$$9 + 1 = \square \qquad 3 - 1 = \square \qquad 6 - 1 = \square$$

$$8 - 1 = \square \qquad 10 - 1 = \square \qquad 9 - 1 = \square$$

무엇을 배웠을까요

▲ 색칠된 칸의 전의 수에 ◯표 하고 ☐ 안에 알맞은 수를 쓰세요.

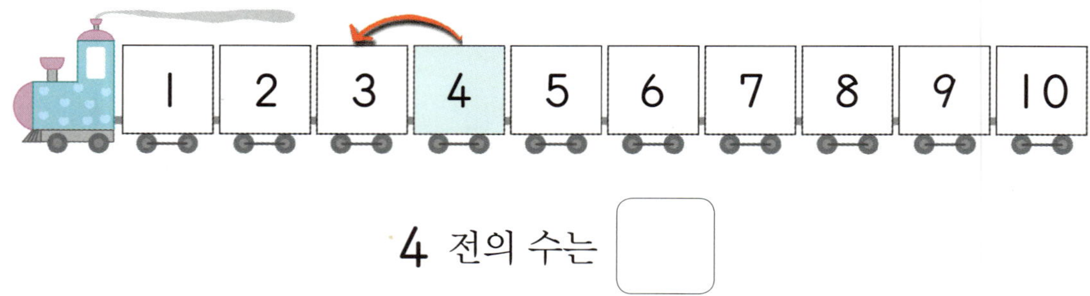

4 전의 수는 ☐

▲ /로 하나를 지우고 하나 더 적은 수를 쓰세요.

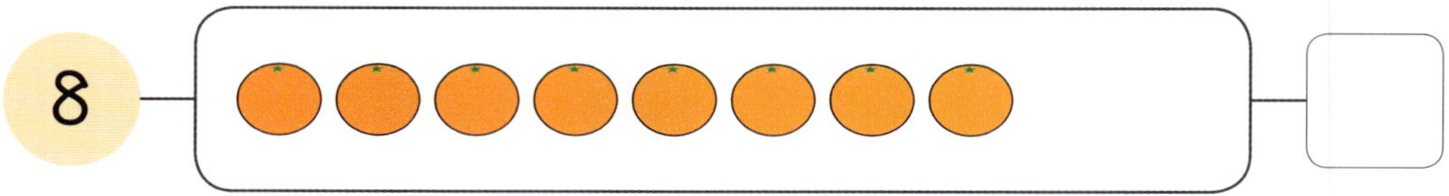

▲ 거꾸로 세어 전의 수를 쓰세요.

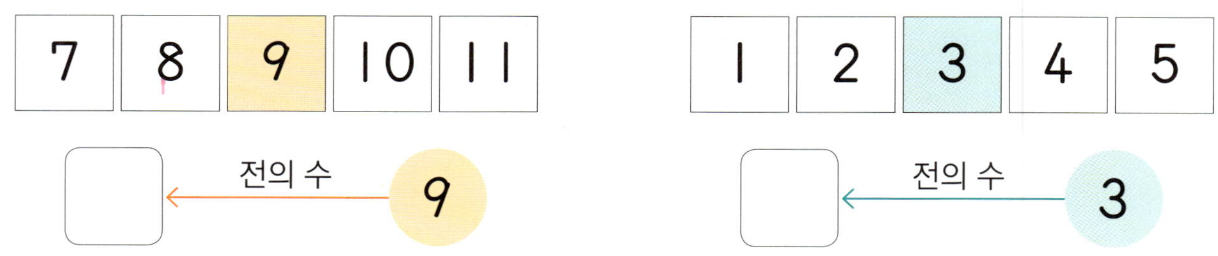

▲ 남아 있는 달걀을 세어 뺄셈을 하세요.

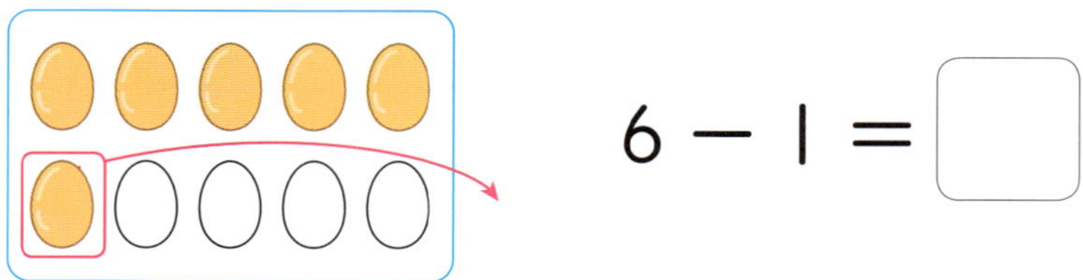

🌲 ╱로 하나를 지우고 뺄셈을 하세요.

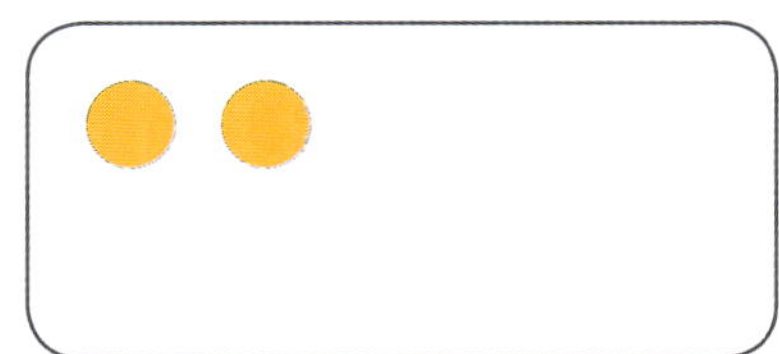

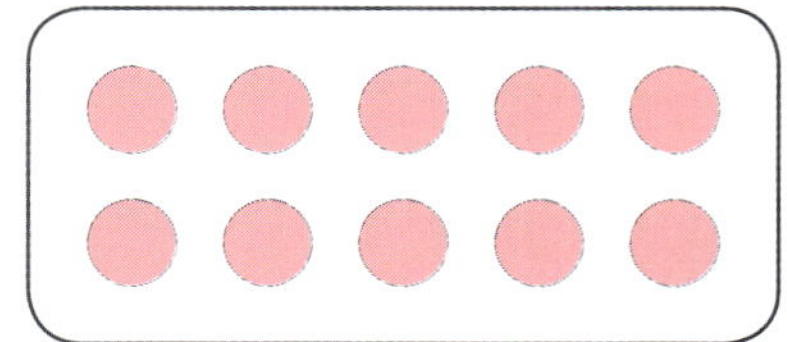

$2 - 1 = \boxed{}$ $10 - 1 = \boxed{}$

🌲 ☐ 안에 알맞은 수를 쓰세요.

$\boxed{} - 1 = 7$

🌲 ☐ 안에 알맞은 수를 쓰세요.

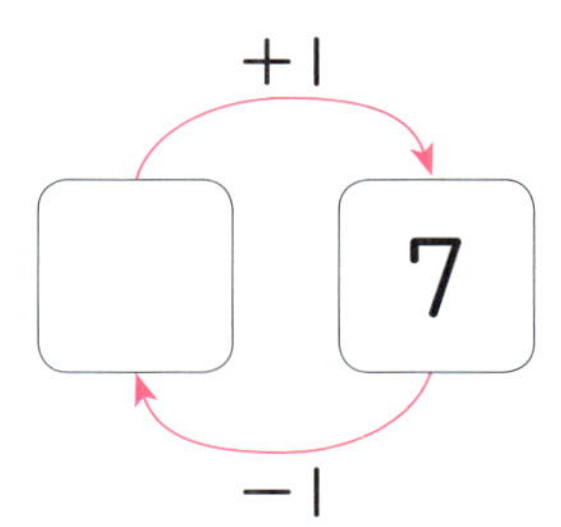

🌲 덧셈과 뺄셈을 하세요.

$6 + 1 = \boxed{}$

$8 - 1 = \boxed{}$

$$\begin{array}{r} 4 \\ +\ 1 \\ \hline \boxed{} \end{array}$$

$$\begin{array}{r} 7 \\ -\ 1 \\ \hline \boxed{} \end{array}$$

연산력 게임

QR코드를 찍으면 다양한 연산 게임을 할 수 있어요.

구슬은 몇 개

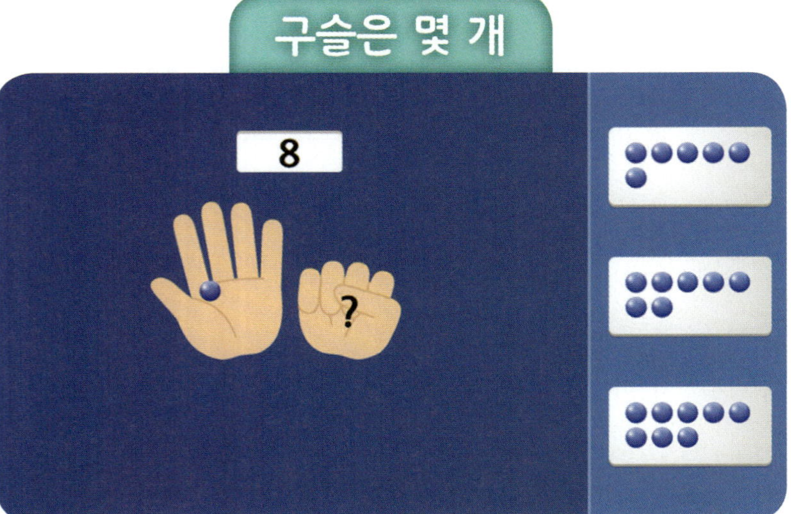

오른손에 있는 구슬은 몇 개일까요?

왼손에 놓인 구슬의 수를 보고 오른손에 놓인 구슬 수를 오른쪽에서 찾아 알맞은 것을 누르세요.
구슬이 7개인 것을 누르면 정답입니다.

빈 곳에 들어갈 수는 무엇일까요?

블록에 써 있는 수의 뺄셈 결과를 아래의 블록 중에 찾아 빈 곳에 넣으세요.
6을 넣으면 정답입니다.

블록을 맞춰요

20까지의 빼기 Ⅰ

36 빼기 Ⅰ은 전의 수 ···································· 78

37 빼기 Ⅰ은 Ⅰ 작은 수 ································ 82

38 □가 있는 빼기 Ⅰ ··································· 86

39 더하기 Ⅰ과 빼기 Ⅰ ································ 90

40 ＋와 － ·· 94

무엇을 배웠을까요 ····································· 98

▶ 연산 보충 학습(108쪽)에서 더 풀어 보세요.

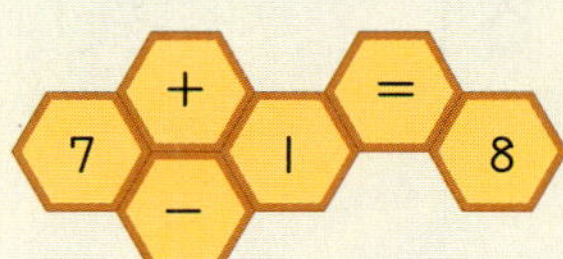

학부모 지도 가이드

이번 차시에서는 빼기 Ⅰ의 수 영역을 20까지 확대하여 빼기 Ⅰ의 개념을 완성하고, A2에서 배운 더하기 Ⅰ과 빼기 Ⅰ을 마무리합니다.

특히 **40.** ＋와 －에서는 단순한 계산만 하는 것이 아니라 주어진 수와 기호로 스스로 올바른 연산식을 만들어 덧셈과 뺄셈의 개념을 완성할 수 있도록 지도해 주세요.

→ 7이 8로 되었으므로 커졌습니다.

→ 덧셈을 이용한 것입니다.

→ 7＋Ⅰ＝8

빼기 |은 전의 수

🌳 거꾸로 세어 빈칸에 알맞은 수를 쓰고, 뺄셈을 하세요.

| || | 12 | | 14 | 15 | 16 | 17 | 18 | 19 | 20 |

$$|4 - | = \boxed{}$$

| || | 12 | 13 | 14 | | 16 | 17 | 18 | 19 | 20 |

$$|6 - | = \boxed{}$$

| || | 12 | 13 | 14 | 15 | 16 | 17 | 18 | | 20 |

$$20 - | = \boxed{}$$

🌳 뺄셈을 하세요.

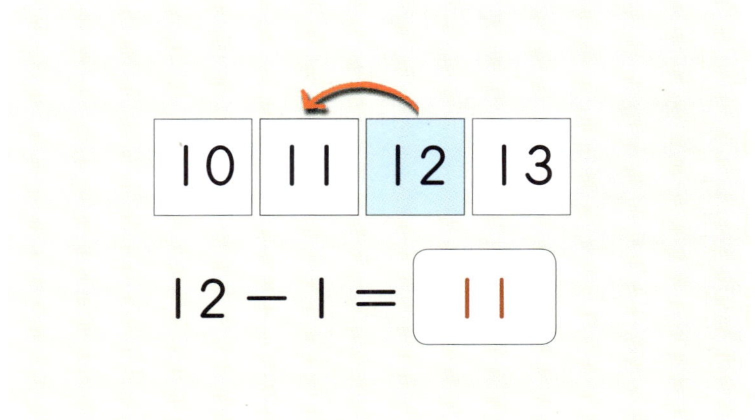

$$10 \quad 11 \quad \boxed{12} \quad 13$$

$$12 - 1 = \boxed{11}$$

$$10 \quad \boxed{11} \quad 12 \quad 13$$

$$11 - 1 = \boxed{}$$

$$14 \quad 15 \quad \boxed{16} \quad 17$$

$$16 - 1 = \boxed{}$$

$$12 \quad 13 \quad 14 \quad \boxed{15}$$

$$15 - 1 = \boxed{}$$

$$17 \quad 18 \quad \boxed{19} \quad 20$$

$$19 - 1 = \boxed{}$$

$$16 \quad \boxed{17} \quad 18 \quad 19$$

$$17 - 1 = \boxed{}$$

$$15 \quad 16 \quad 17 \quad \boxed{18}$$

$$18 - 1 = \boxed{}$$

🌳 빈칸에 알맞은 수를 쓰고 뺄셈을 하세요.

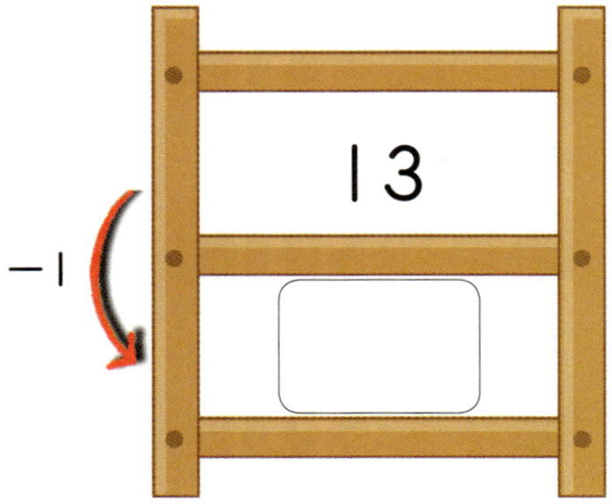

−1
13

13 − 1 =

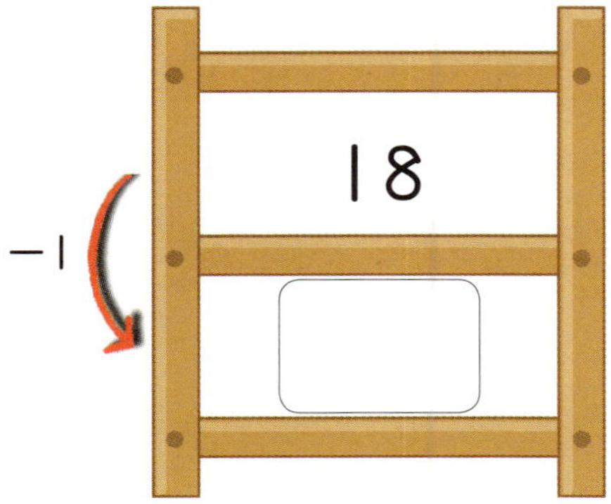

−1
18

18 − 1 =

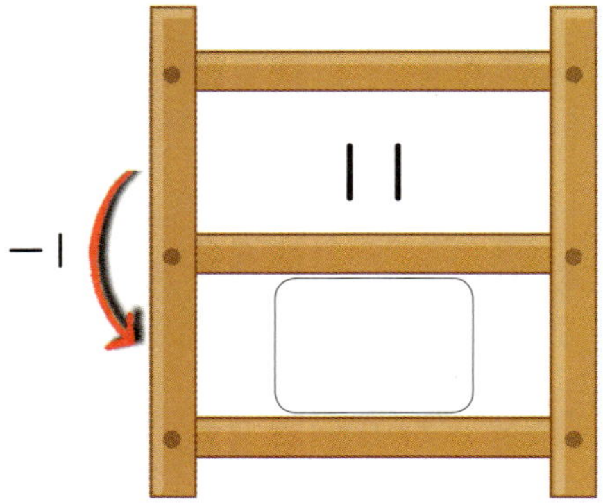

−1
11

11 − 1 =

−1
16

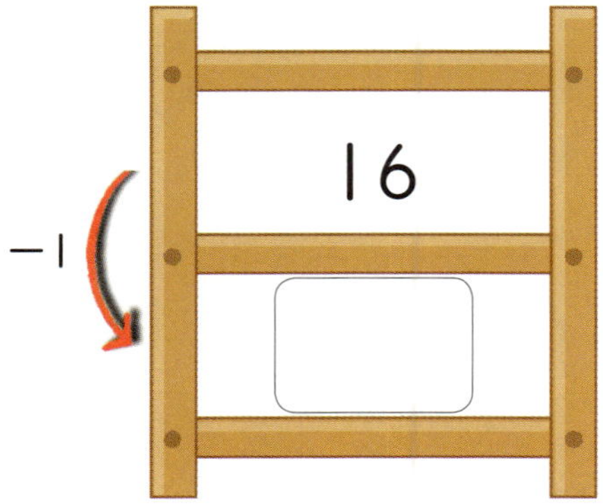

16 − 1 =

11 12 13 14

12 − 1 = 11

12 13 14 15

15 − 1 =

18 − 1 =

19 − 1 =

13 − 1 =

9 10 11 12

11 − 1 =

20 − 1 =

14 − 1 =

17 − 1 =

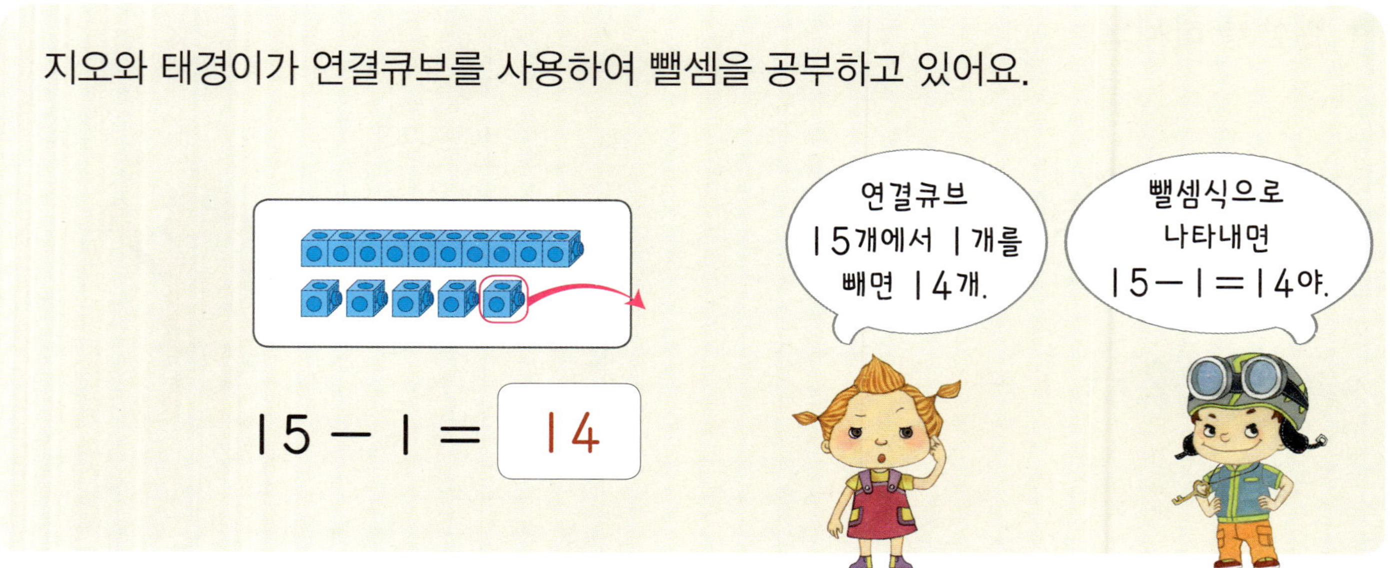

🌳 남아 있는 연결큐브를 세어 뺄셈을 하세요.

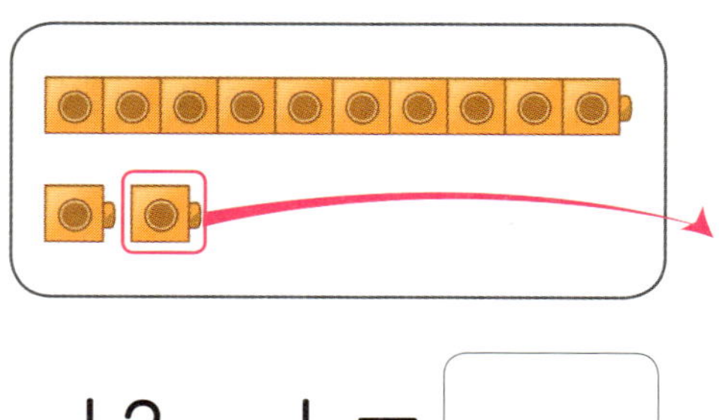

$12 - 1 = \boxed{}$

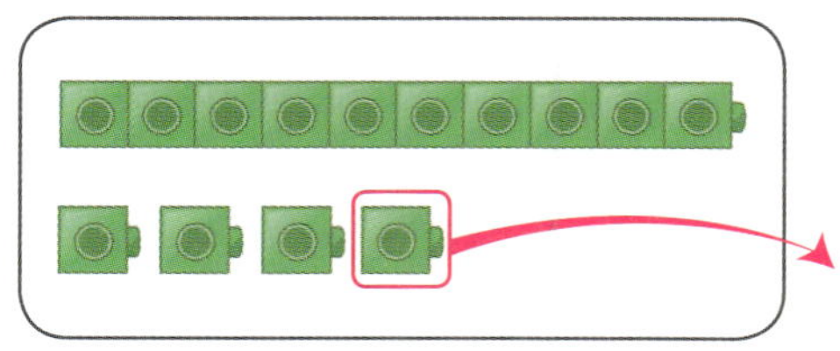

$14 - 1 = \boxed{}$

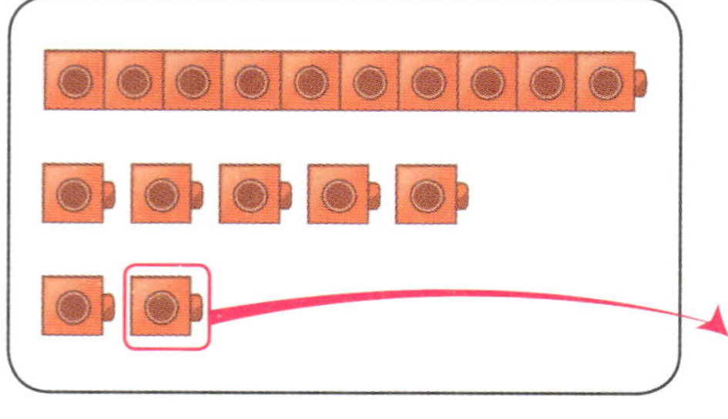

$17 - 1 = \boxed{}$

$19 - 1 = \boxed{}$

🌳 ╱로 연결큐브 하나를 지우고 뺄셈을 하세요.

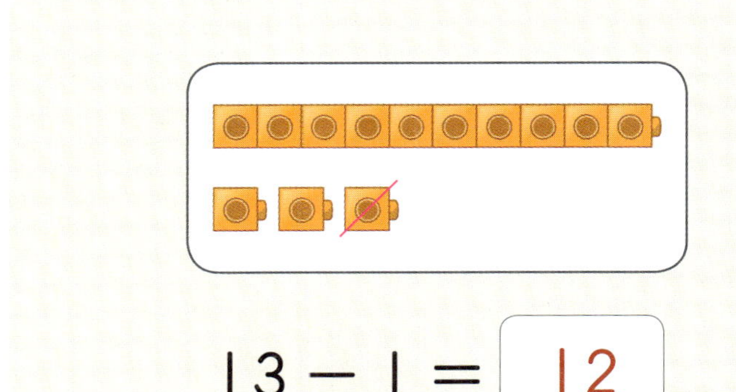

$13 - 1 = \boxed{12}$

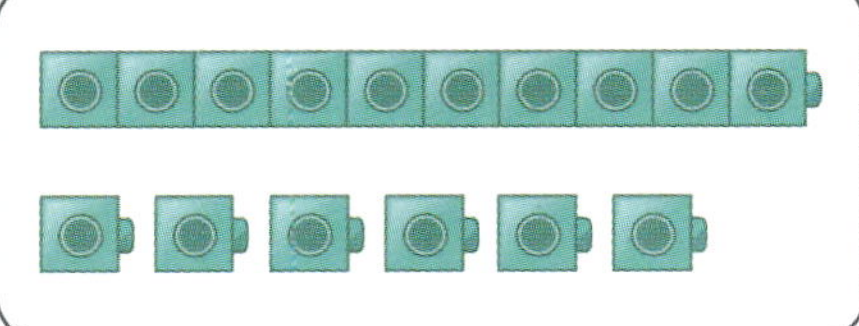

$16 - 1 = \boxed{}$

$11 - 1 = \boxed{}$

$15 - 1 = \boxed{}$

$12 - 1 = \boxed{}$

$17 - 1 = \boxed{}$

$14 - 1 = \boxed{}$

파란색을 색칠한 뒤 뺄셈을 공부하려고 해요.

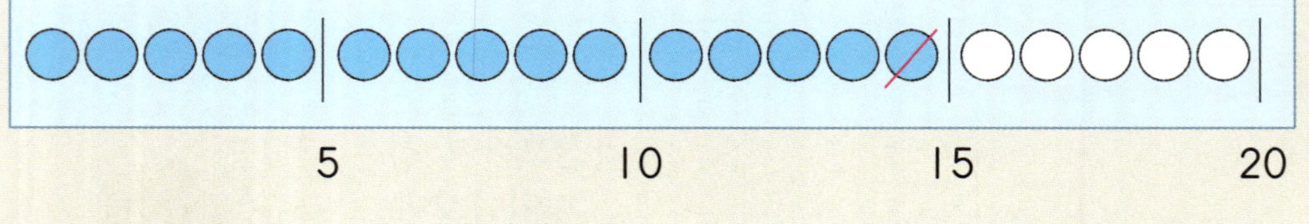

/로 하나를 지우고 뺄셈을 하세요.

13 − 1 =

16 − 1 =

20 − 1 =

🌳 **뺄셈을 하세요.**

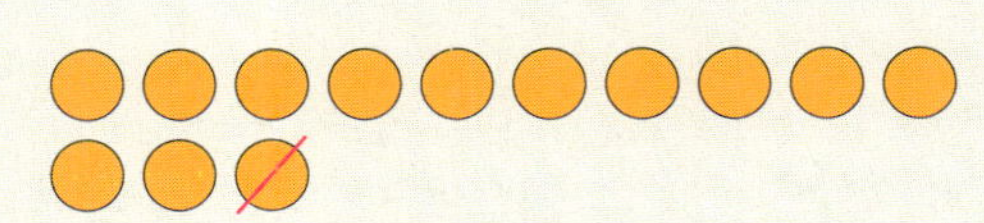

$$13 - 1 = \boxed{12}$$

$$12 - 1 = \boxed{}$$

$$16 - 1 = \boxed{}$$

$$20 - 1 = \boxed{}$$

$$18 - 1 = \boxed{}$$

$$11 - 1 = \boxed{}$$

$$14 - 1 = \boxed{}$$

$$15 - 1 = \boxed{}$$

$$19 - 1 = \boxed{}$$

□가 있는 빼기 1

태경이와 지오가 □가 있는 빼기 1을 하는 방법을 각각 말하여 보았어요.

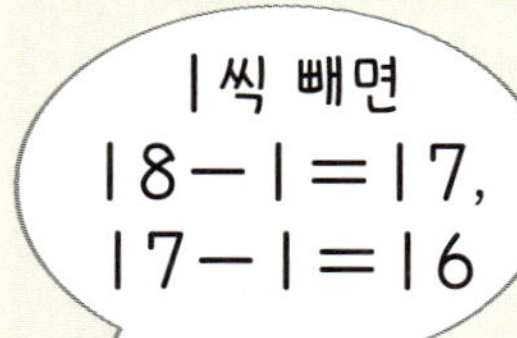

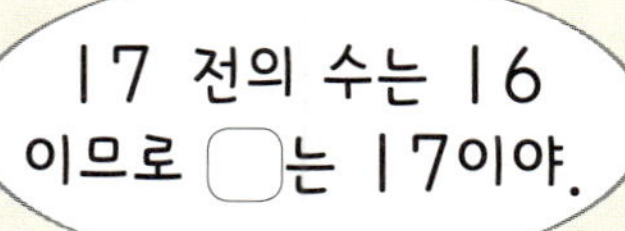

$$17 - 1 = 16$$

● □ 안에 알맞은 수를 쓰세요.

$$\boxed{} - 1 = 11$$

$$\boxed{} - 1 = 14$$

$$\boxed{} - 1 = 19$$

$$\boxed{} - 1 = 16$$

$$\boxed{} - 1 = 15$$

$$\boxed{} - 1 = 18$$

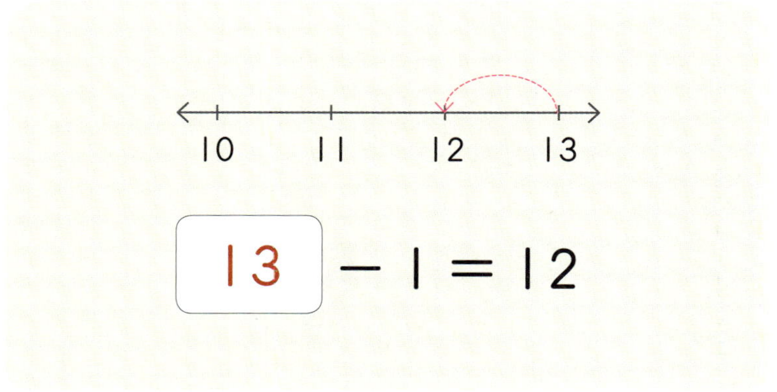

$$13 - 1 = 12$$

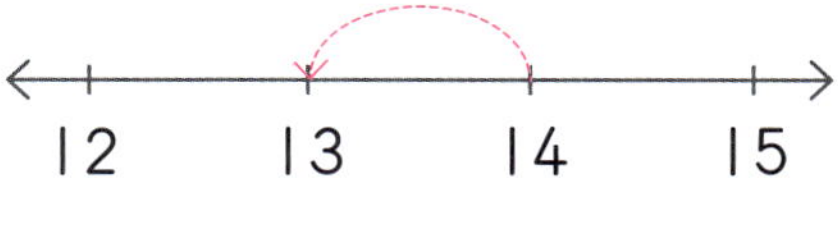

$$\boxed{} - 1 = 13$$

$$\boxed{} - 1 = 16$$

$$\boxed{} - 1 = 11$$

$$\boxed{} - 1 = 17$$

$$\boxed{} - 1 = 18$$

$$\boxed{} - 1 = 14$$

$$\boxed{} - 1 = 15$$

$$\boxed{} - 1 = 19$$

지오는 막대의 개수를 이용하여 덧셈을 공부하려고 해요.

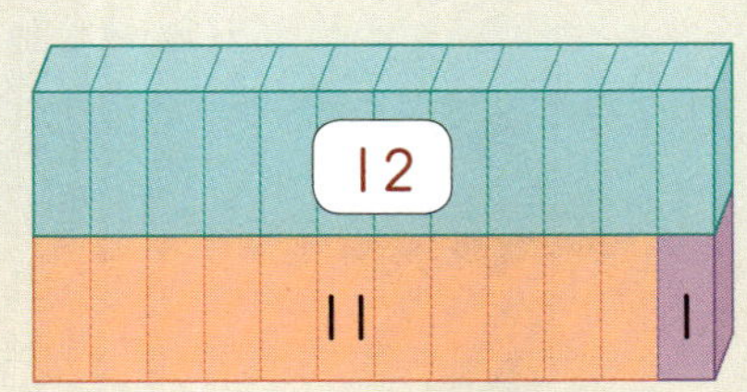

$$12 - 1 = 11$$

🌳 □ 안에 알맞은 수를 쓰세요.

$$\boxed{} - 1 = 13$$

$$\boxed{} - 1 = 14$$

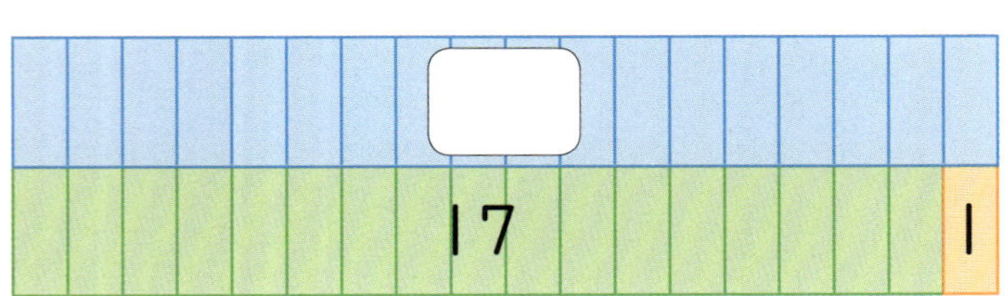

$$\boxed{} - 1 = 17$$

● ☐ 안에 알맞은 수를 쓰세요.

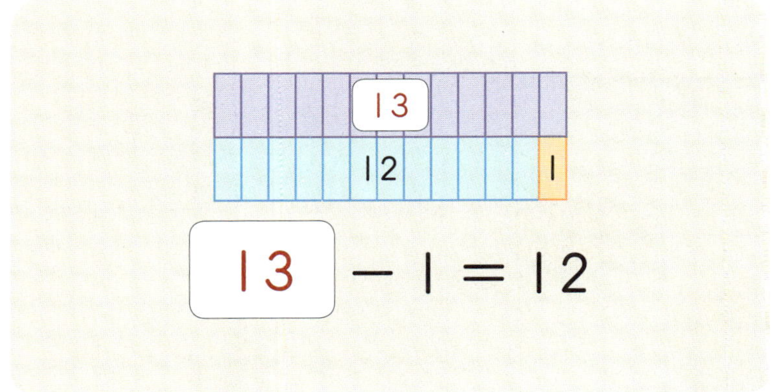

☐ − 1 = 15

☐ − 1 = 13

☐ − 1 = 11

☐ − 1 = 18

☐ − 1 = 14

☐ − 1 = 19

☐ − 1 = 17

☐ − 1 = 16

더하기 1과 빼기 1

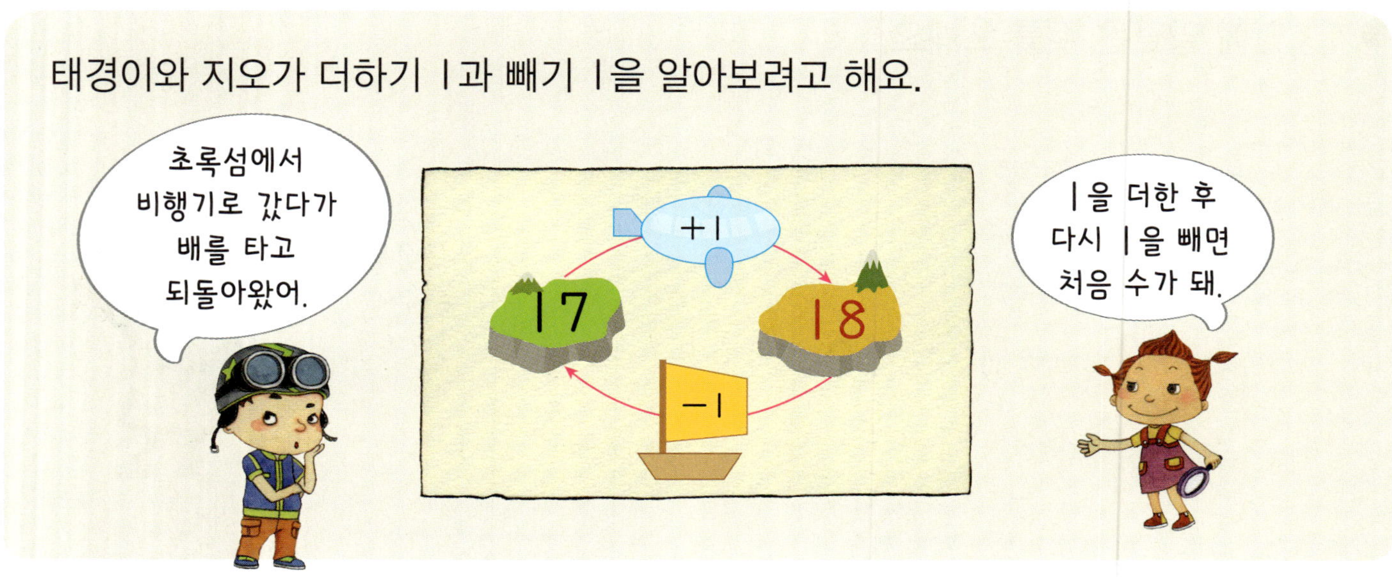

🌳 빈 곳에 알맞은 수를 쓰세요.

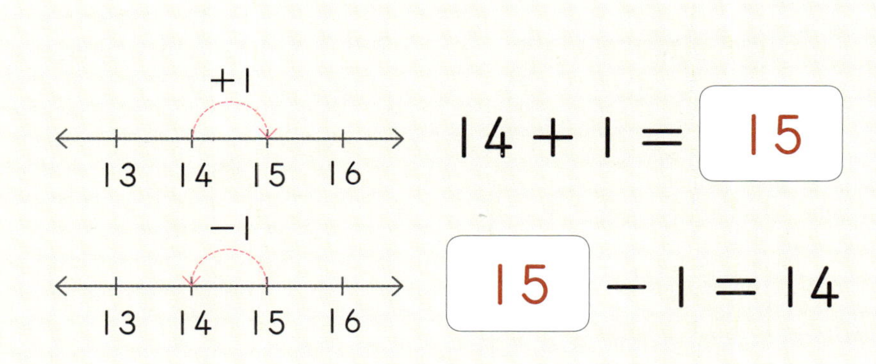

$$14 + 1 = \boxed{15}$$

$$\boxed{15} - 1 = 14$$

$$13 + 1 = \boxed{}$$

$$\boxed{} - 1 = 13$$

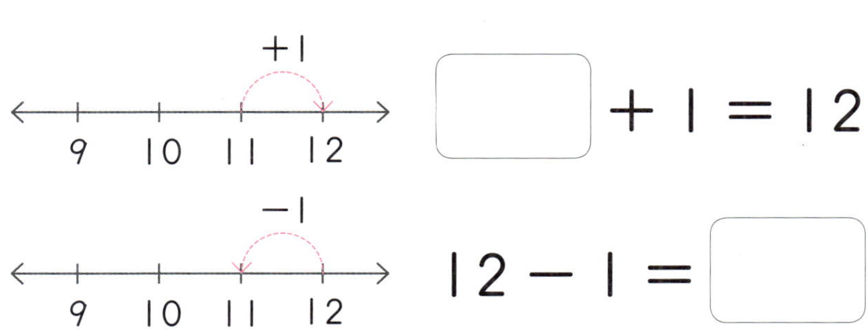

$$\boxed{} + 1 = 12$$

$$12 - 1 = \boxed{}$$

$$\boxed{} + 1 = 19$$

$$19 - 1 = \boxed{}$$

$$\boxed{} + 1 = 20$$

$$20 - 1 = \boxed{}$$

지오는 2가지 방법으로 계산을 하려고 해요.

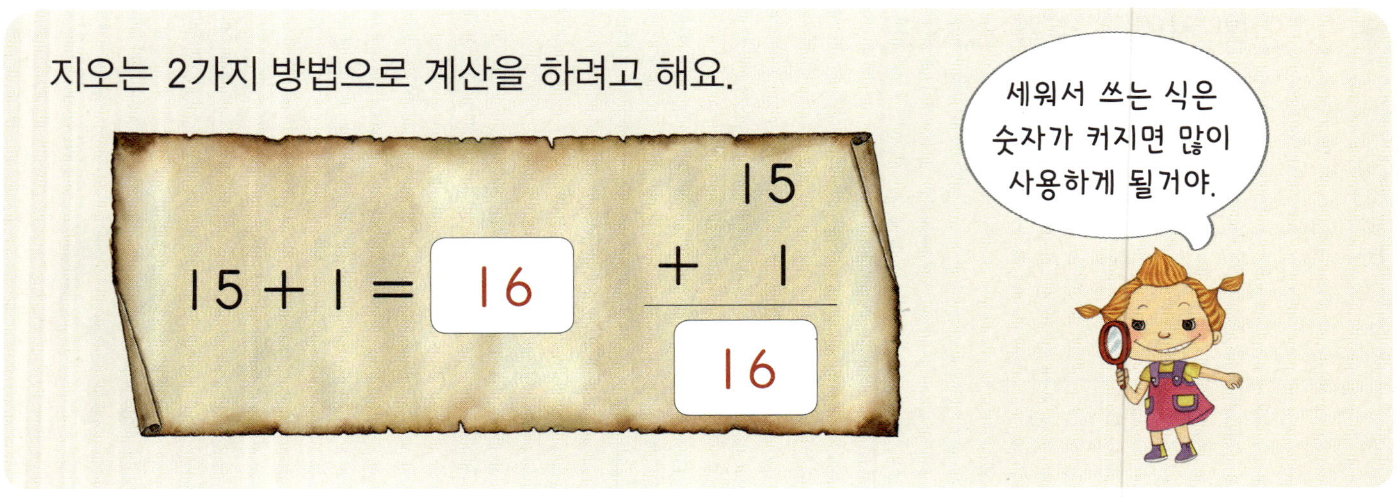

$15 + 1 = $ 16

$$\begin{array}{r} 15 \\ +\ \ 1 \\ \hline 16 \end{array}$$

🌳 옆으로 쓴 식을 세워서 쓸 수도 있어요. 덧셈과 뺄셈을 하세요.

$12 + 1 = \ \square$

$$\begin{array}{r} 12 \\ +\ \ 1 \\ \hline \ \end{array}$$

$15 - 1 = \ \square$

$$\begin{array}{r} 15 \\ -\ \ 1 \\ \hline \ \end{array}$$

$16 - 1 = \ \square$

$$\begin{array}{r} 16 \\ -\ \ 1 \\ \hline \ \end{array}$$

덧셈과 뺄셈을 하세요.

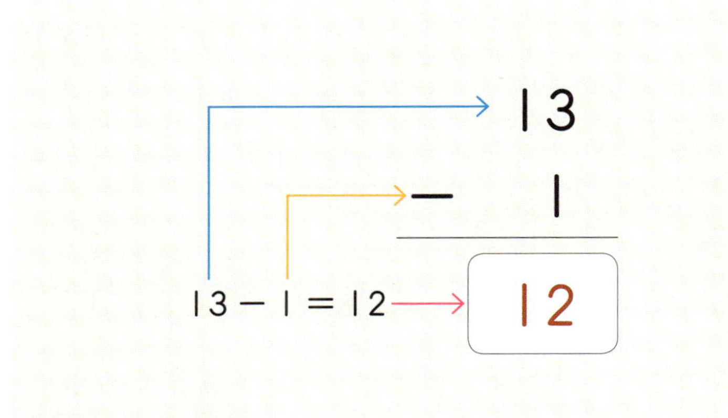

$$
\begin{array}{r} 10 \\ +\ 1 \\ \hline \end{array}
\qquad
\begin{array}{r} 12 \\ -\ 1 \\ \hline \end{array}
\qquad
\begin{array}{r} 17 \\ +\ 1 \\ \hline \end{array}
$$

$$
\begin{array}{r} 18 \\ +\ 1 \\ \hline \end{array}
\qquad
\begin{array}{r} 16 \\ +\ 1 \\ \hline \end{array}
\qquad
\begin{array}{r} 14 \\ -\ 1 \\ \hline \end{array}
$$

$$
\begin{array}{r} 20 \\ -\ 1 \\ \hline \end{array}
\qquad
\begin{array}{r} 17 \\ -\ 1 \\ \hline \end{array}
\qquad
\begin{array}{r} 19 \\ +\ 1 \\ \hline \end{array}
$$

40 ＋와 －

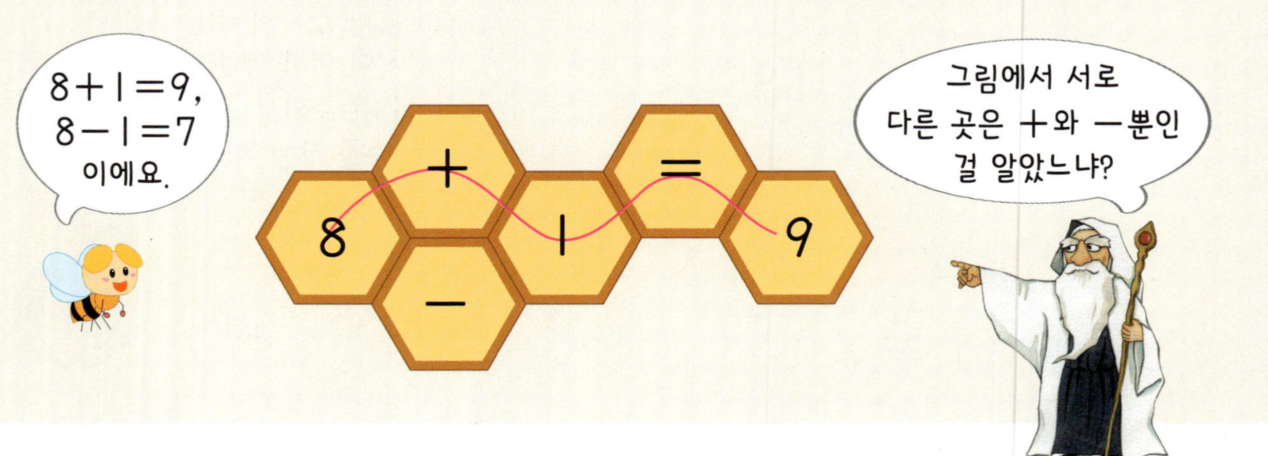

🌳 올바른 식이 되도록 선을 그으세요.

🌳 ◯ 안에 + 또는 −를 알맞게 쓰세요.

$$5 \bigoplus 1 = 6$$

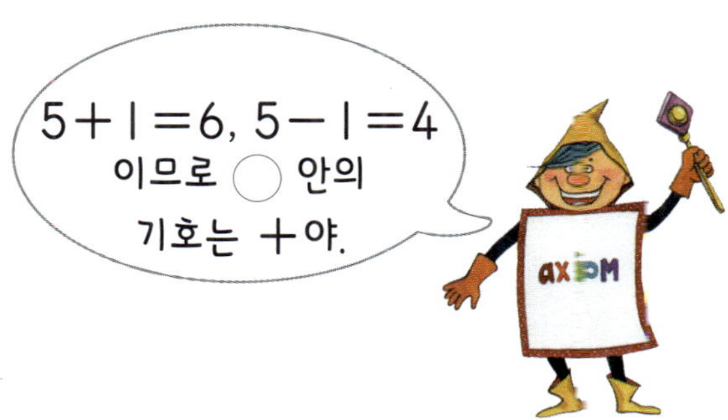

$$3 \bigcirc 1 = 2 \qquad 6 \bigcirc 1 = 7$$

$$8 \bigcirc 1 = 9 \qquad 11 \bigcirc 1 = 10$$

$$17 \bigcirc 1 = 18 \qquad 14 \bigcirc 1 = 13$$

$$16 \bigcirc 1 = 15 \qquad 12 \bigcirc 1 = 13$$

지오가 신기한 덧셈과 뺄셈의 관계를 보여 주고 있어요.

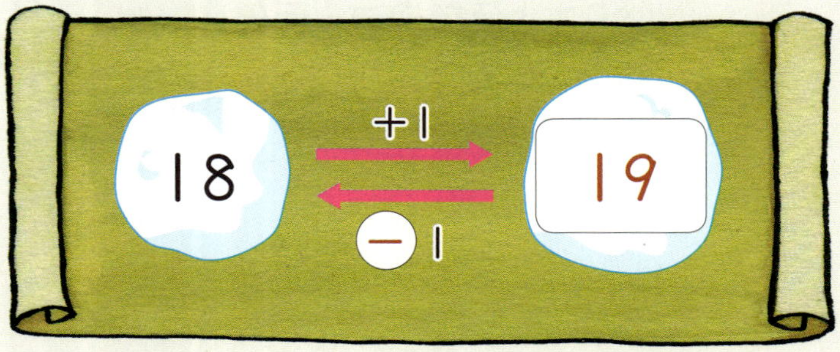

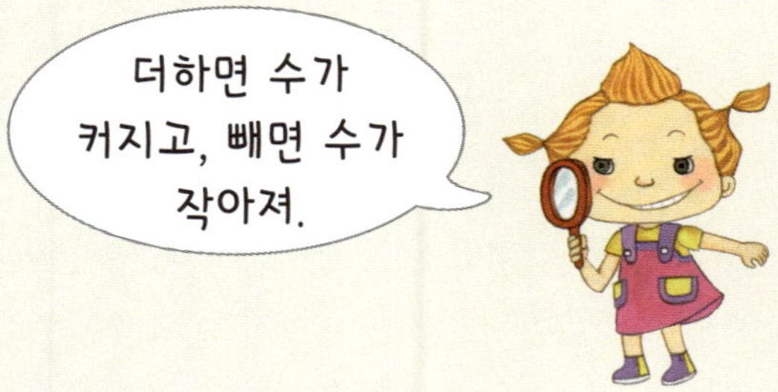

○ 안에는 + 또는 −를, □ 안에는 알맞은 수를 쓰세요.

🌳  안에 + 또는 −를 알맞게 쓰세요.

$$15 \bigcirc 1 = 14$$

$$2 \bigcirc 1 = 1 \qquad 7 \bigcirc 1 = 8$$

$$5 \bigcirc 1 = 6 \qquad 10 \bigcirc 1 = 9$$

$$13 \bigcirc 1 = 12 \qquad 19 \bigcirc 1 = 20$$

$$18 \bigcirc 1 = 19 \qquad 12 \bigcirc 1 = 11$$

🌲 빈칸에 알맞은 수를 쓰고 뺄셈을 하세요.

$$16 - 1 = \boxed{}$$

🌲 남아 있는 연결큐브를 세어 뺄셈을 하세요.

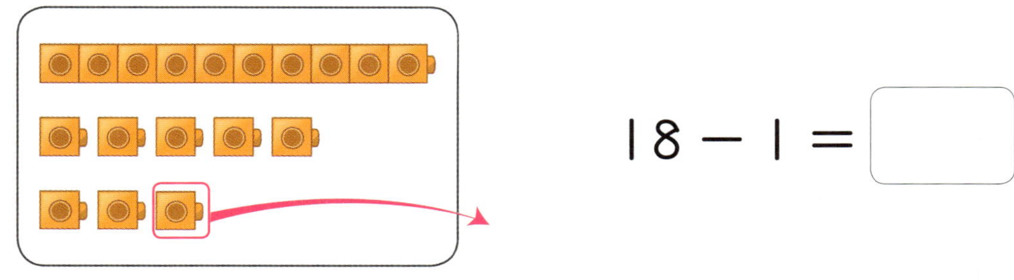

$$18 - 1 = \boxed{}$$

🌲 ╱로 하나를 지우고 뺄셈을 하세요.

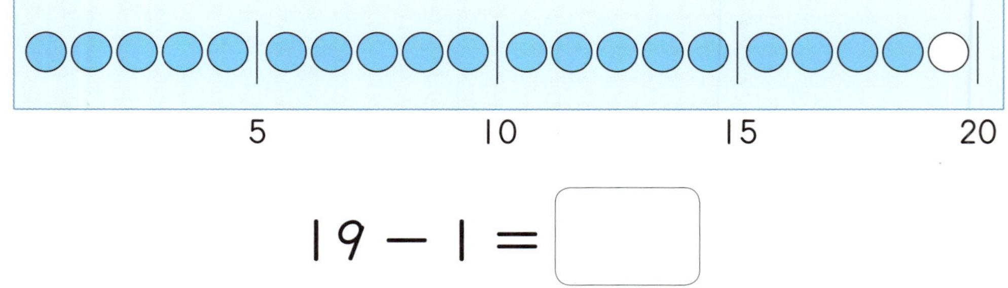

$$19 - 1 = \boxed{}$$

🌲 뺄셈을 하세요.

$$12 - 1 = \boxed{} \qquad 17 - 1 = \boxed{}$$

🌲 ☐ 안에 알맞은 수를 쓰세요.

$$\boxed{} - 1 = 14 \qquad \boxed{} - 1 = 19$$

🌲 ☐ 안에 알맞은 수를 쓰세요.

$$\begin{array}{l} 11 + 1 = \boxed{} \\ \boxed{} - 1 = 11 \end{array} \qquad \begin{array}{l} 17 + 1 = \boxed{} \\ \boxed{} - 1 = 17 \end{array}$$

공부한 날

월

일

🌲 덧셈과 뺄셈을 하세요.

$$\begin{array}{r} 12 \\ + \ 1 \\ \hline \boxed{} \end{array} \qquad \begin{array}{r} 15 \\ - \ 1 \\ \hline \boxed{} \end{array} \qquad \begin{array}{r} 19 \\ - \ 1 \\ \hline \boxed{} \end{array}$$

🌲 ◯ 안에 + 또는 −를 알맞게 쓰세요.

$$9 \bigcirc 1 = 8 \qquad 15 \bigcirc 1 = 16$$

QR코드를 찍으면 다양한 연산 게임을 할 수 있어요.

연산력 게임

| 작은 수를 찾아라

빈 곳에 알맞은 수는 무엇일까요?

수를 1과 어떤 수로 가르기 하였는지 알맞은 수를 찾아 빈 곳에 넣으세요.
19를 넣으면 정답입니다.

출발선에 써 있는 두 수의 뺄셈을 해 보세요.

출발선에 써 있는 두 수의 뺄셈 결과를 아래의 세 튜브 중에서 누르세요.
18을 누르면 정답입니다.

신나는 튜브 미끄럼틀

연산 보충 학습

- |0까지의 더하기 | ·· 102

- 20까지의 더하기 | ·· 104

- |0까지의 빼기 | ·· 106

- 20까지의 빼기 | ·· 108

10까지의 더하기 1

관련 쪽수: 6~27쪽

❖ 덧셈을 하세요.

1 + 1 = ☐   2 + 1 = ☐

3 + 1 = ☐   4 + 1 = ☐

5 + 1 = ☐   7 + 1 = ☐

8 + 1 = ☐   9 + 1 = ☐

❖ ☐ 안에 알맞은 수를 쓰세요.

1 + 6 = ☐   1 + 3 = ☐

6 + 1 = ☐   3 + 1 = ☐

$1 + 8 = \boxed{}$

$8 + 1 = \boxed{}$

$1 + 9 = \boxed{}$

$9 + 1 = \boxed{}$

$1 + 2 = \boxed{}$

$2 + 1 = \boxed{}$

$1 + 5 = \boxed{}$

$5 + 1 = \boxed{}$

❖ ☐ 안에 알맞은 수를 쓰세요.

$\boxed{} + 1 = 7$

$\boxed{} + 1 = 5$

$\boxed{} + 1 = 3$

$\boxed{} + 1 = 2$

$\boxed{} + 1 = 9$

$\boxed{} + 1 = 4$

$\boxed{} + 1 = 8$

$\boxed{} + 1 = 6$

관련 쪽수: 30~51쪽

❖ 덧셈을 하세요.

$10 + 1 =$ ☐　　　　$13 + 1 =$ ☐

$17 + 1 =$ ☐　　　　$18 + 1 =$ ☐

$12 + 1 =$ ☐　　　　$11 + 1 =$ ☐

$15 + 1 =$ ☐　　　　$16 + 1 =$ ☐

$14 + 1 =$ ☐　　　　$19 + 1 =$ ☐

❖ ☐ 안에 알맞은 수를 쓰세요.

$1 + 12 =$ ☐　　　　$1 + 14 =$ ☐

$12 + 1 =$ ☐　　　　$14 + 1 =$ ☐

$$1 + 15 = \boxed{}$$
$$15 + 1 = \boxed{}$$

$$1 + 18 = \boxed{}$$
$$18 + 1 = \boxed{}$$

$$19 + 1 = \boxed{}$$
$$1 + 19 = \boxed{}$$

$$11 + 1 = \boxed{}$$
$$1 + 11 = \boxed{}$$

❖ ☐ 안에 알맞은 수를 쓰세요.

$$\boxed{} + 1 = 14$$

$$\boxed{} + 1 = 17$$

$$\boxed{} + 1 = 18$$

$$\boxed{} + 1 = 12$$

$$1 + \boxed{} = 20$$

$$1 + \boxed{} = 13$$

$$1 + \boxed{} = 15$$

$$1 + \boxed{} = 19$$

❖ 뺄셈을 하세요.

$7 - 1 = \boxed{}$　　　　$6 - 1 = \boxed{}$

$2 - 1 = \boxed{}$　　　　$5 - 1 = \boxed{}$

$9 - 1 = \boxed{}$　　　　$3 - 1 = \boxed{}$

$4 - 1 = \boxed{}$　　　　$|0 - 1 = \boxed{}$

❖ ☐ 안에 알맞은 수를 쓰세요.

$\boxed{} - 1 = 2$　　　　$\boxed{} - 1 = 5$

$\boxed{} - 1 = 8$　　　　$\boxed{} - 1 = 4$

$\boxed{} - 1 = 3$　　　　$\boxed{} - 1 = 6$

❖ ☐ 안에 알맞은 수를 쓰세요.

☐ + 1 = 7

7 − 1 = ☐

3 + 1 = ☐

☐ − 1 = 3

☐ + 1 = 10

10 − 1 = ☐

5 + 1 = ☐

☐ − 1 = 5

❖ 덧셈과 뺄셈을 하세요.

$$2 + 1 = \boxed{}$$

$$4 - 1 = \boxed{}$$

$$5 + 1 = \boxed{}$$

$$8 - 1 = \boxed{}$$

$$6 + 1 = \boxed{}$$

$$9 - 1 = \boxed{}$$

관련 쪽수: 78~99쪽

❖ 뺄셈을 하세요.

$14 - 1 = \boxed{}$ 　　　 $16 - 1 = \boxed{}$

$19 - 1 = \boxed{}$ 　　　 $20 - 1 = \boxed{}$

$11 - 1 = \boxed{}$ 　　　 $15 - 1 = \boxed{}$

$17 - 1 = \boxed{}$ 　　　 $18 - 1 = \boxed{}$

❖ 덧셈과 뺄셈을 하세요.

$$\begin{array}{r} 14 \\ -\ 1 \\ \hline \boxed{} \end{array} \qquad \begin{array}{r} 15 \\ +\ 1 \\ \hline \boxed{} \end{array} \qquad \begin{array}{r} 13 \\ -\ 1 \\ \hline \boxed{} \end{array}$$

❖ ◯ 안에 + 또는 ㅡ를 알맞게 쓰세요.

$14 \bigcirc 1 = 13$ 　　　 $16 \bigcirc 1 = 15$

$15 \bigcirc 1 = 16$ 　　　 $12 \bigcirc 1 = 11$

21 다음 수와 하나 더 많은 수

6
7

8
9

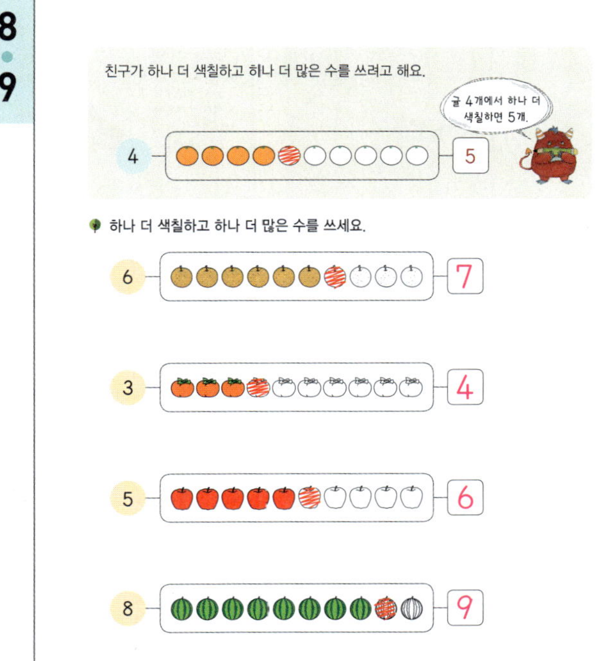

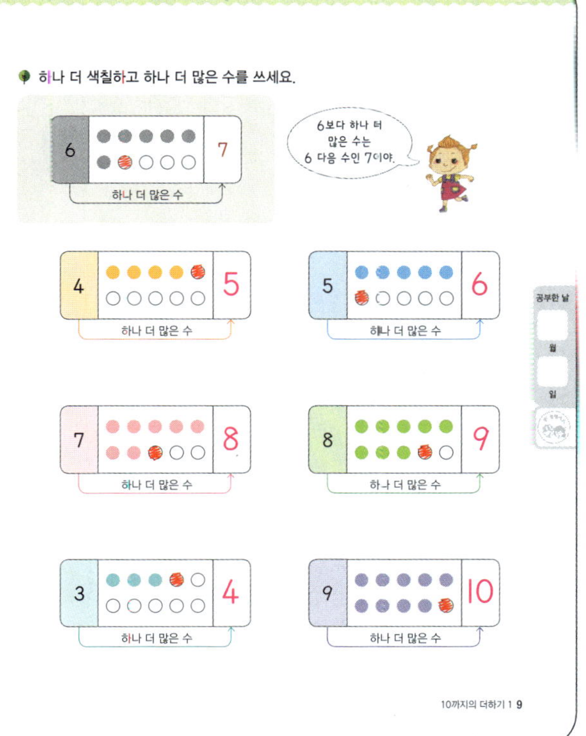

10·11

22 더하기 1은 다음 수

술래잡기를 하고 있어요. 다람쥐는 4의 칸에 타고 있네요.

토끼를 잡아야 돼.
4 다음 수인 5로 가야지.
4 + 1 = 5

색칠된 칸의 다음 수에 ◯표 하고 덧셈을 하세요.
1 2 3 4 5 6 7 8 9 10
1 + 1 = 2
1 2 3 4 5 6 7 8 9 10
3 + 1 = 4
1 2 3 4 5 6 7 8 9 10
9 + 1 = 10

10 연산 A2

덧셈을 하세요.
1 2 3 4
2 + 1 = 3
3 + 1은 3 다음 수인 4야.

4 5 6 7
5 + 1 = 6
7 8 9 10
8 + 1 = 9

6 7 8 9
6 + 1 = 7
7 8 9 10
9 + 1 = 10

1 2 3 4
3 + 1 = 4
5 6 7 8
5 + 1 = 6

10까지의 더하기 1 11

12·13

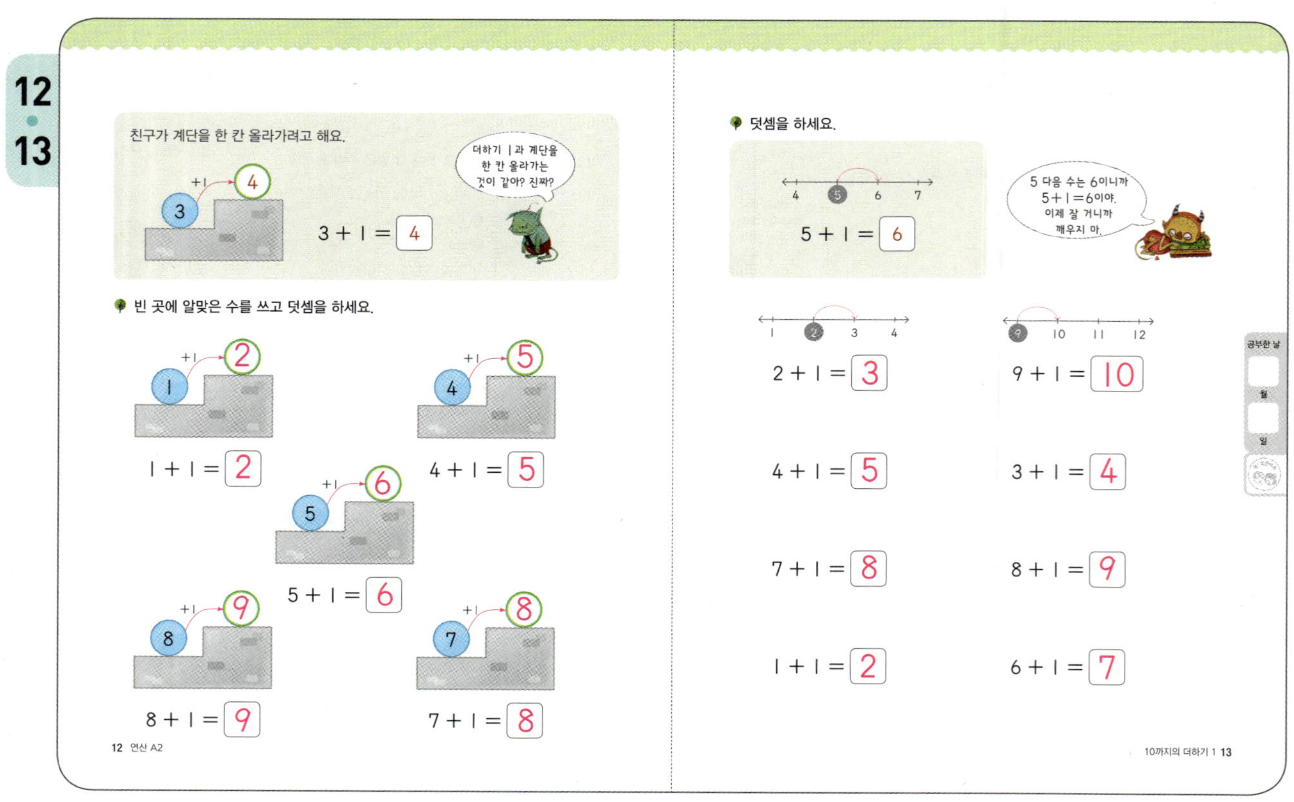
친구가 계단을 한 칸 올라가려고 해요.
더하기 1과 계단을 한 칸 올라가는 것이 같아? 진짜?
+1
3 4
3 + 1 = 4

빈 곳에 알맞은 수를 쓰고 덧셈을 하세요.
+1
1 2
1 + 1 = 2
+1
4 5
4 + 1 = 5
+1
5 6
5 + 1 = 6
+1
8 9
8 + 1 = 9
+1
7 8
7 + 1 = 8

12 연산 A2

덧셈을 하세요.
4 5 6 7
5 + 1 = 6
5 다음 수는 6이니까 5 + 1 = 6이야. 이제 잘 거니까 깨우지 마.

1 2 3 4
2 + 1 = 3
9 10 11 12
9 + 1 = 10

4 + 1 = 5
3 + 1 = 4

7 + 1 = 8
8 + 1 = 9

1 + 1 = 2
6 + 1 = 7

공부한 날
월
일

10까지의 더하기 1 13

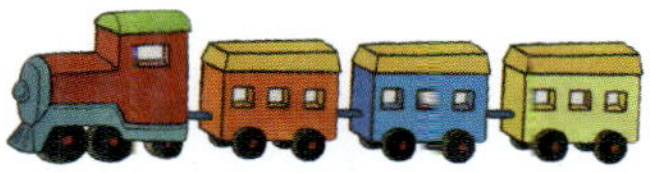

23 더하기 1은 하나 더 많은 수

태경이가 달걀을 세어 보고 있어요.

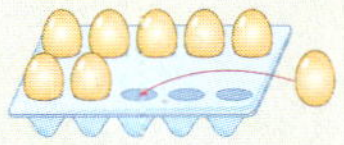

$7 + 1 = \boxed{8}$

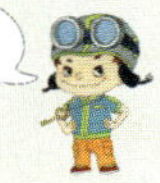

● 달걀을 모두 세어 덧셈을 하세요.

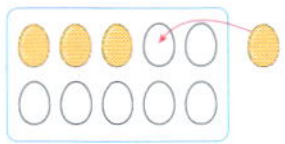

$3 + 1 = \boxed{4}$

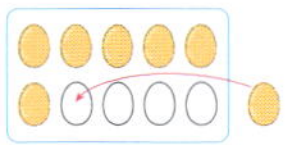

$6 + 1 = \boxed{7}$

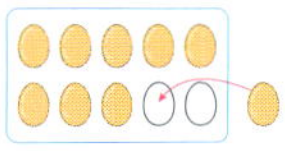

$8 + 1 = \boxed{9}$

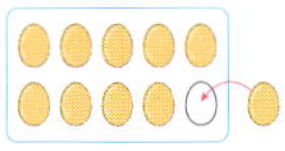

$9 + 1 = \boxed{10}$

● 하나 더 색칠하고 덧셈을 하세요.

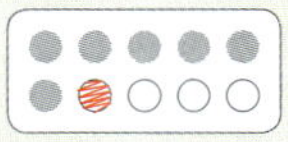

$6 + 1 = \boxed{7}$

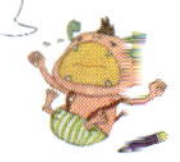

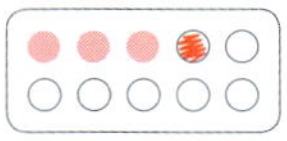

$3 + 1 = \boxed{4}$

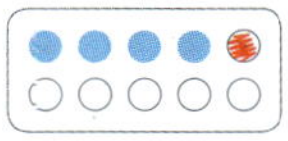

$4 + 1 = \boxed{5}$

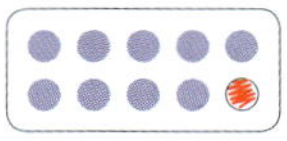

$9 + 1 = \boxed{10}$

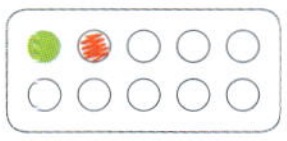

$1 + 1 = \boxed{2}$

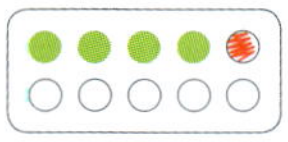

$4 + 1 = \boxed{5}$

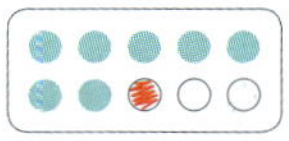

$7 + 1 = \boxed{8}$

태경이가 지갑에 구슬 5개를 가지고 있었는데 구슬을 한 개 더 넣었어요.

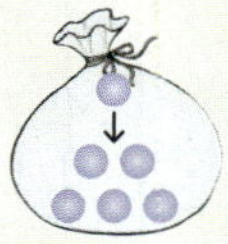

$5 + 1 = \boxed{6}$

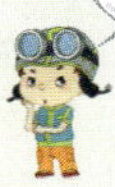

● 구슬을 모두 세어 덧셈을 하세요.

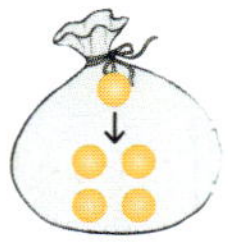

$4 + 1 = \boxed{5}$

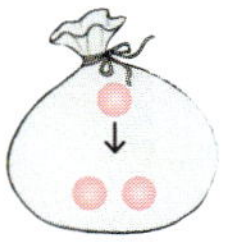

$2 + 1 = \boxed{3}$

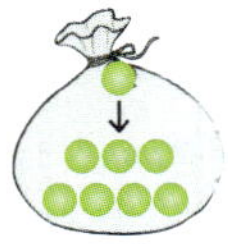

$7 + 1 = \boxed{8}$

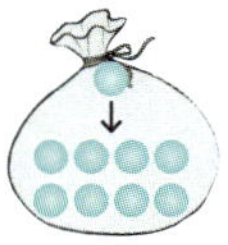

$8 + 1 = \boxed{9}$

● 덧셈을 하세요.

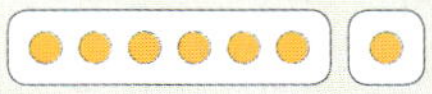

$6 + 1 = \boxed{7}$

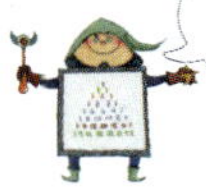

$8 + 1 = \boxed{9}$

$2 + 1 = \boxed{3}$

$7 + 1 = \boxed{8}$

$1 + 1 = \boxed{2}$

$3 + 1 = \boxed{4}$

$5 + 1 = \boxed{6}$

$4 + 1 = \boxed{5}$

$9 + 1 = \boxed{10}$

공부한 날
월
일

정답 **3**

18 · 19

24 바꾸어 더하기

친구가 맛있는 도넛을 먹으려고 해요.

$5 + 1 = 6$

$1 + 5 = 6$

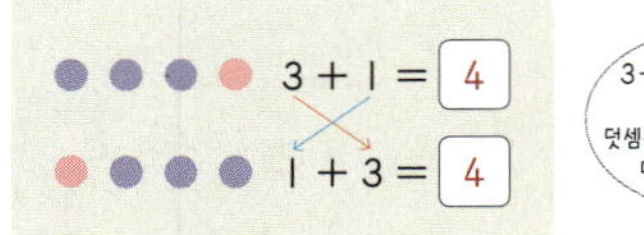

개수를 세어 덧셈을 하세요.

$3 + 1 = 4$

$1 + 3 = 4$

$6 + 1 = 7$

$1 + 6 = 7$

$7 + 1 = 8$

$1 + 7 = 8$

덧셈을 하세요.

$3 + 1 = 4$

$1 + 3 = 4$

$2 + 1 = 3$
$1 + 2 = 3$

$5 + 1 = 6$
$1 + 5 = 6$

$6 + 1 = 7$
$1 + 6 = 7$

$4 + 1 = 5$
$1 + 4 = 5$

$7 + 1 = 8$
$1 + 7 = 8$

$9 + 1 = 10$
$1 + 9 = 10$

20 · 21

지오가 숫자 카드로 덧셈을 공부하고 있어요.

$1 + 2 = 3$

$2 + 1 = 3$

바꾸어 더해도 계산 결과는 같아요. ◯안에 알맞은 수를 쓰세요.

$1 + 3 = 4$
$3 + 1 = 4$

$1 + 6 = 7$
$6 + 1 = 7$

$1 + 5 = 6$
$5 + 1 = 6$

$1 + 8 = 9$
$8 + 1 = 9$

$1 + 4 = 5$
$4 + 1 = 5$

$1 + 9 = 10$
$9 + 1 = 10$

덧셈을 하세요.

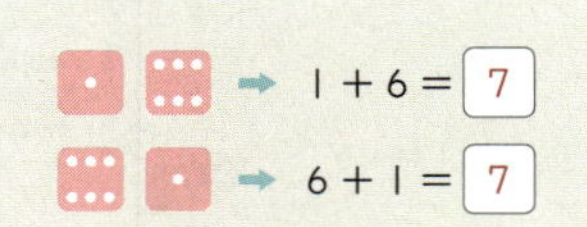

$1 + 3 = 4$
$3 + 1 = 4$

$1 + 2 = 3$
$2 + 1 = 3$

$1 + 4 = 5$
$4 + 1 = 5$

$1 + 7 = 8$
$7 + 1 = 8$

$1 + 5 = 6$
$5 + 1 = 6$

$1 + 9 = 10$
$9 + 1 = 10$

공부한 날
월
일

25 □가 있는 더하기 1

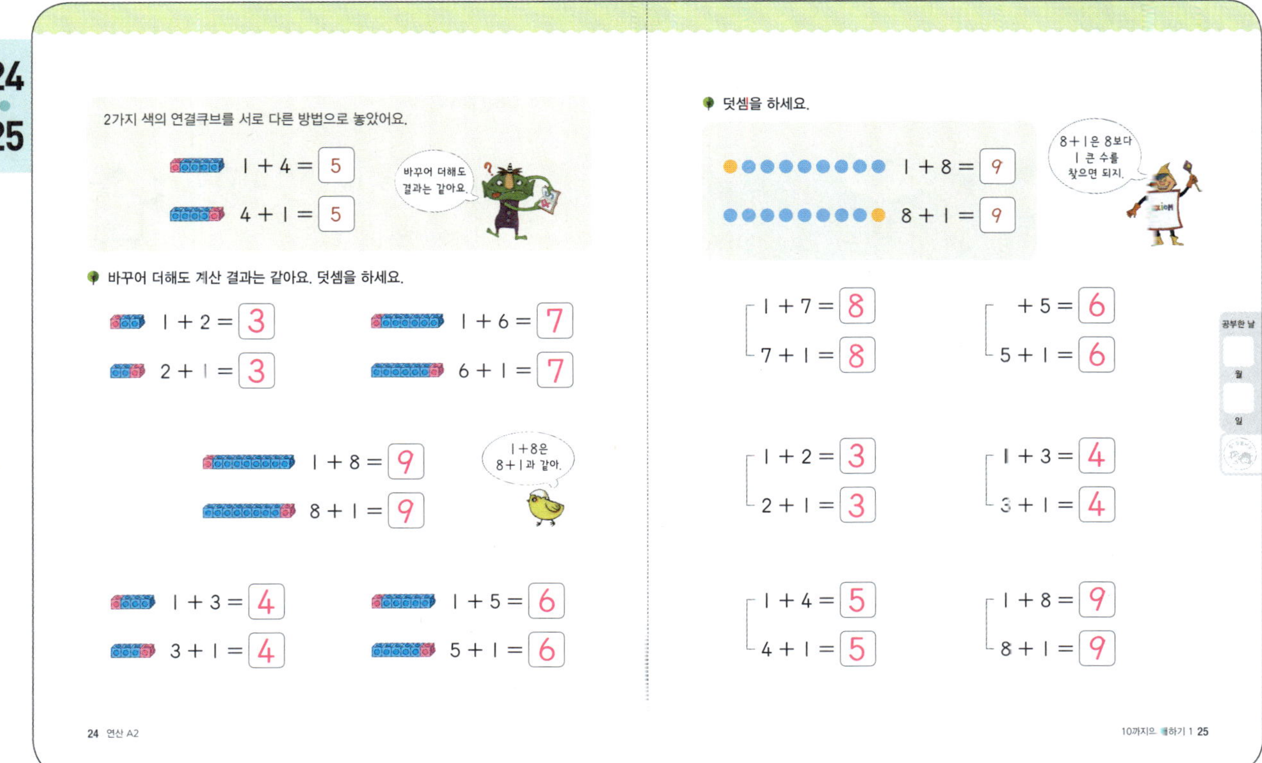

정답 **5**

26·27

무엇을 배웠을까요

▲ 색칠된 칸의 다음 수에 ○표 하고 □ 안에 알맞은 수를 쓰세요.

9 다음 수는 10

▲ 수를 세어 보고 □ 안에 알맞은 수를 쓰세요.

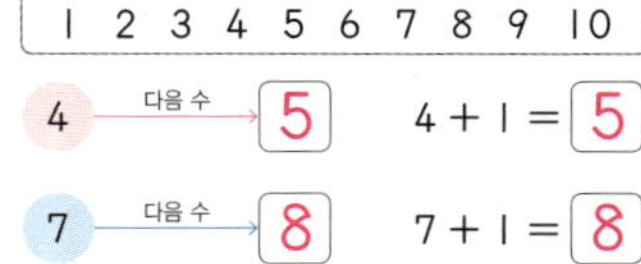

4 → 다음 수 5   4 + 1 = 5

7 → 다음 수 8   7 + 1 = 8

▲ 하나 더 색칠하고 하나 더 많은 수를 쓰세요.

8  9

▲ 구슬을 모두 세어 덧셈을 하세요.

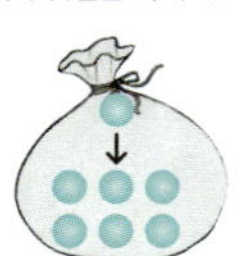

6 + 1 = 7

▲ 개수를 세어 덧셈을 하세요.

8 + 1 = 9

1 + 8 = 9

▲ 바꾸어 더해도 계산 결과는 같아요. □ 안에 알맞은 수를 쓰세요.

1 + 2 = 3   1 + 7 = 8
2 + 1 = 3   7 + 1 = 8

▲ □ 안에 알맞은 수를 쓰세요.

4 + 1 = 5

30·31

26 더하기 1은 다음 수

지오와 태경이가 수가 쓰인 징검다리를 건너고 있어요.

13 + 1 = 14

● 빈 곳에 알맞은 수를 쓰고 덧셈을 하세요.

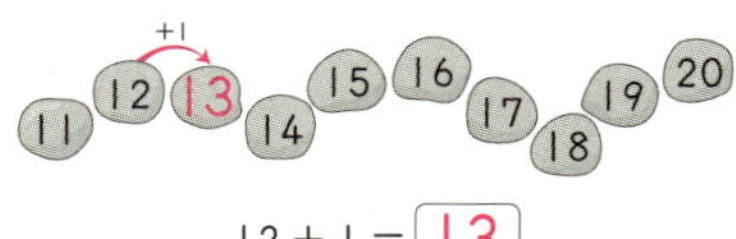

12 + 1 = 13

19 + 1 = 20

● 덧셈을 하세요.

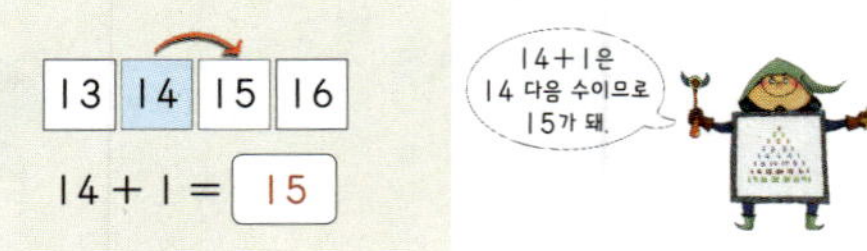

14 + 1 = 15

10 + 1 = 11   16 + 1 = 17

18 + 1 = 19   11 + 1 = 12

15 + 1 = 16   17 + 1 = 18

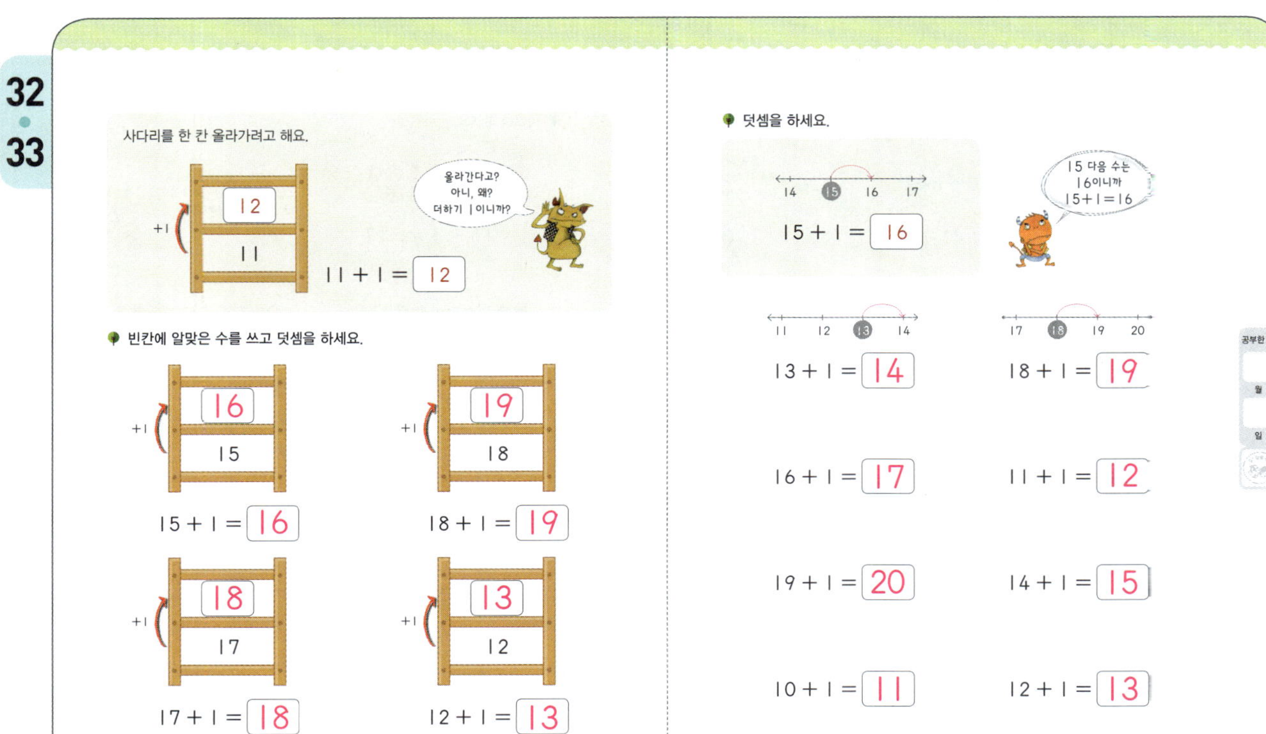
사다리를 한 칸 올라가려고 해요.
올라간다고?
아니, 왜?
더하기 I이니까?
+1
12
11
11 + 1 = 12
빈칸에 알맞은 수를 쓰고 덧셈을 하세요.
+1
16
15
15 + 1 = 16
+1
19
18
18 + 1 = 19
+1
18
17
17 + 1 = 18
+1
13
12
12 + 1 = 13
덧셈을 하세요.
14 15 16 17
15 다음 수는
16이니까
15+1=16
15 + 1 = 16
11 12 13 14
13 + 1 = 14
17 18 19 20
18 + 1 = 19
16 + 1 = 17
11 + 1 = 12
19 + 1 = 20
14 + 1 = 15
10 + 1 = 11
12 + 1 = 13
공부한 날
월
일

27 더하기 I은 I 큰 수

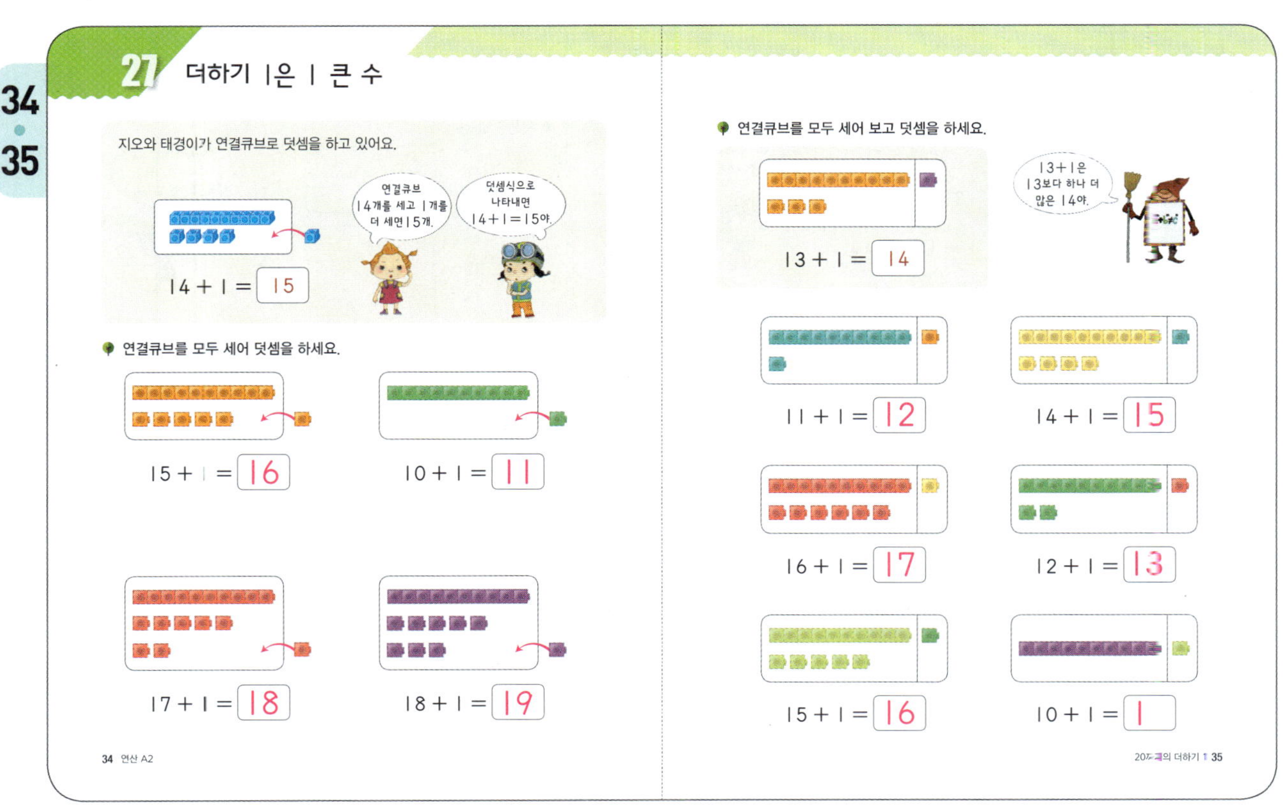
지오와 태경이가 연결큐브로 덧셈을 하고 있어요.
연결큐브
14개를 세고 1개를
더 세면 15개.
덧셈식으로
나타내면
14+1=15야.
14 + 1 = 15
연결큐브를 모두 세어 덧셈을 하세요.
15 + 1 = 16
10 + 1 = 11
17 + 1 = 18
18 + 1 = 19
연결큐브를 모두 세어 보고 덧셈을 하세요.
13 + 1 = 14
13+1은
13보다 하나 더
많은 14야.
11 + 1 = 12
14 + 1 = 15
16 + 1 = 17
12 + 1 = 13
15 + 1 = 16
10 + 1 = 11

36 · 37

태경이가 하나 더 색칠하여 더하기 1을 알아보려고 해요.

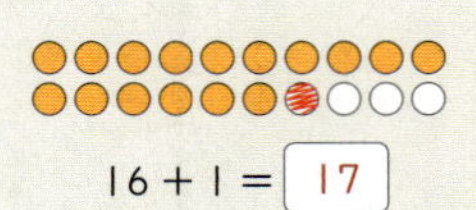

$15 + 1 = \boxed{16}$

하나 더 색칠하고 덧셈을 하세요.

$13 + 1 = \boxed{14}$

$17 + 1 = \boxed{18}$

$19 + 1 = \boxed{20}$

덧셈을 하세요.

$16 + 1 = \boxed{17}$

$11 + 1 = \boxed{12}$ $13 + 1 = \boxed{14}$

$18 + 1 = \boxed{19}$ $10 + 1 = \boxed{11}$

$12 + 1 = \boxed{13}$ $15 + 1 = \boxed{16}$

$19 + 1 = \boxed{20}$ $17 + 1 = \boxed{18}$

공부한 날
월
일

38 · 39

28 바꾸어 더하기

태경이가 저금한 돈이 얼마인지 알아보려고 해요.

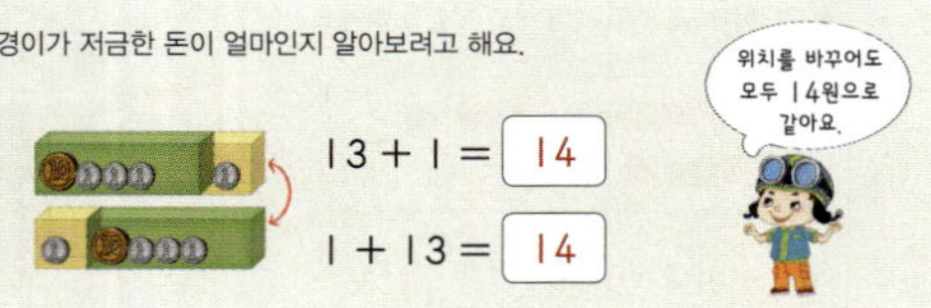

$13 + 1 = \boxed{14}$

$1 + 13 = \boxed{14}$

그림을 보고 덧셈을 하세요.

$12 + 1 = \boxed{13}$

$1 + 12 = \boxed{13}$

$15 + 1 = \boxed{16}$

$1 + 15 = \boxed{16}$

$18 + 1 = \boxed{19}$

$1 + 18 = \boxed{19}$

덧셈을 하세요.

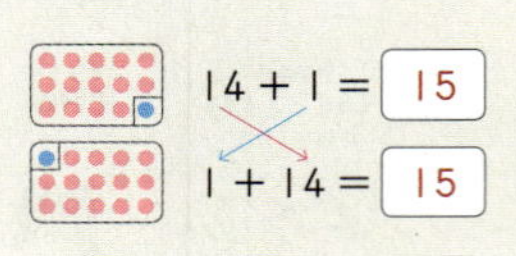

$14 + 1 = \boxed{15}$

$1 + 14 = \boxed{15}$

$18 + 1 = \boxed{19}$ $16 + 1 = \boxed{17}$
$1 + 18 = \boxed{19}$ $1 + 16 = \boxed{17}$

$19 + 1 = \boxed{20}$ $11 + 1 = \boxed{12}$
$1 + 19 = \boxed{20}$ $1 + 11 = \boxed{12}$

$10 + 1 = \boxed{11}$ $17 + 1 = \boxed{18}$
$1 + 10 = \boxed{11}$ $1 + 17 = \boxed{18}$

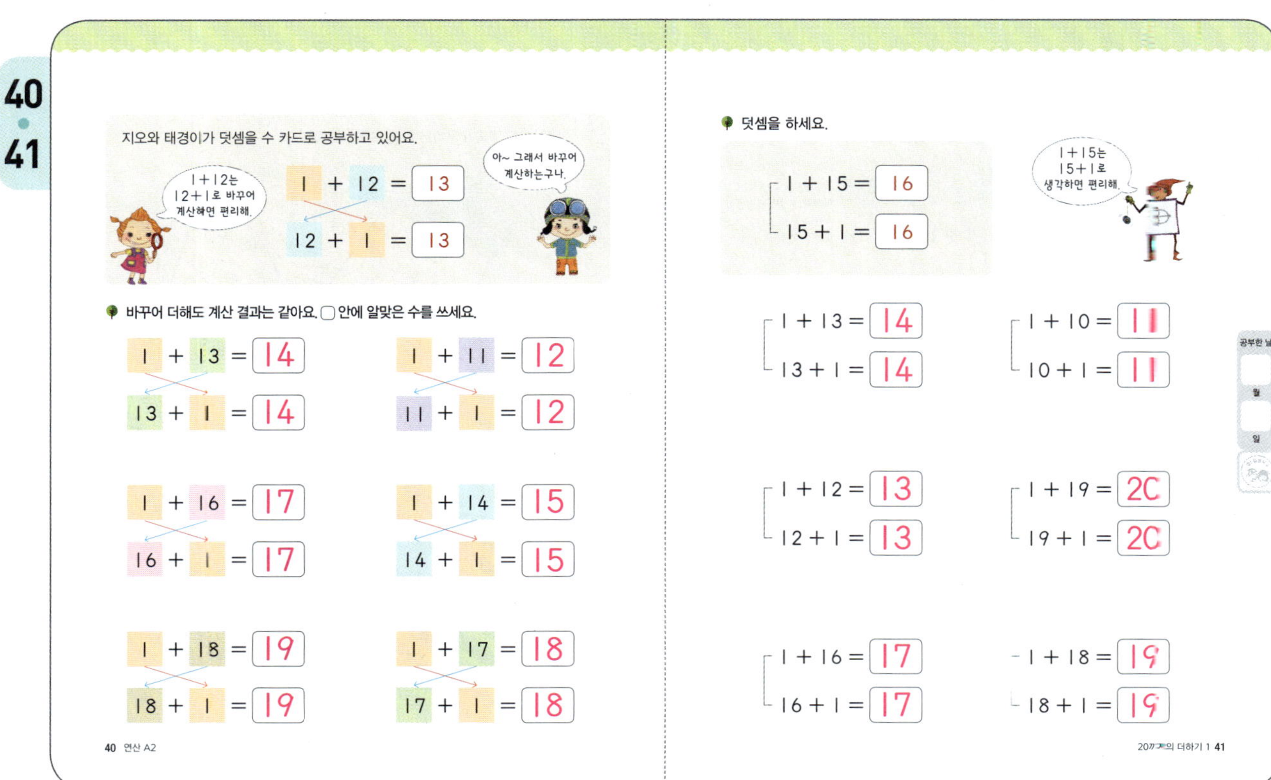

---

29 더하기 1, 1 더하기

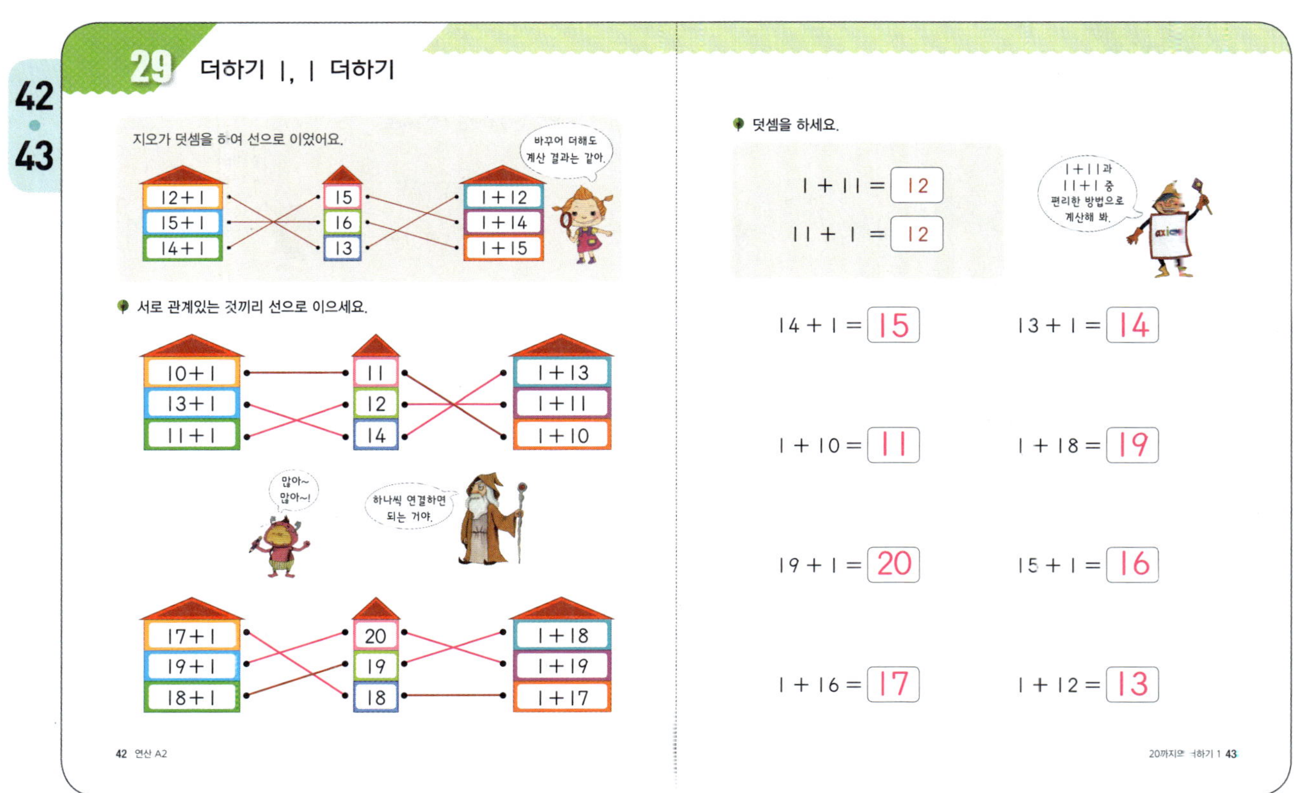

정답 **9**

44 · 45

지오와 태경이가 계산 결과가 올바른 식을 찾고 있어요.

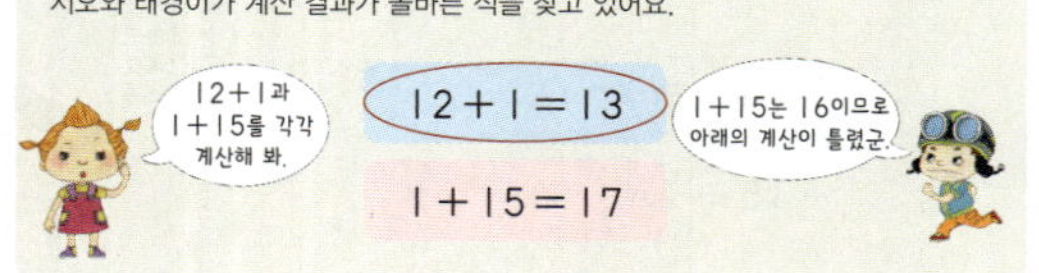

● 계산 결과가 올바른 식에 ○표 하세요.

16+1=17 17
1+11=12

12+1=13
1+14=15

18+1=19
1+17=20 18

17+1=18
1+15=16

15+1=16
1+19=20

13+1=14
1+16=17 17

● 계산 결과가 올바른 칸에 모두 ○표 하세요.

---

30 □가 있는 더하기 1

46 · 47

친구들이 수를 세어 □가 있는 더하기 1을 알아보려고 해요.

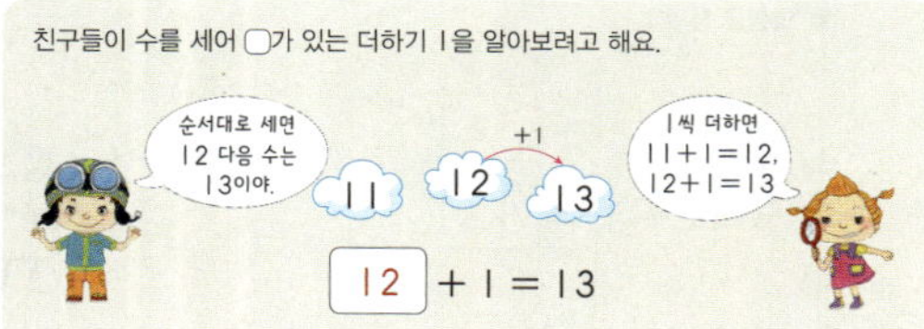

● □ 안에 알맞은 수를 쓰세요.

10 11 12
11 +1=12

15 16 17
16 +1=17

17 18 19
17 +1=18

13 14 15
13 +1=14

10 11 12
10 +1=11

18 19 20
19 +1=20

● □ 안에 알맞은 수를 쓰세요.

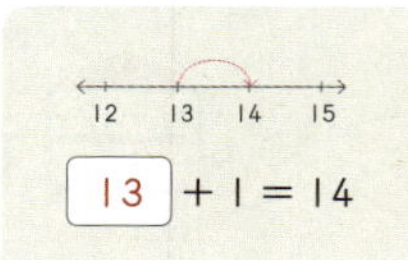

13 +1=14

10 +1=11   15 +1=16

19 +1=20   17 +1=18

12 +1=13   18 +1=19

14 +1=15   11 +1=12

10 연산 A2

태경이는 막대의 개수를 이용하여 덧셈을 공부하려고 해요.

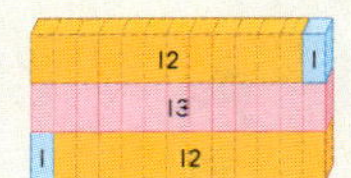
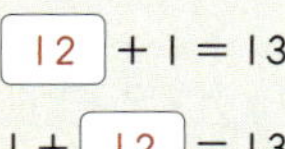

$12 + 1 = 13$

$1 + 12 = 13$

● ☐ 안에 알맞은 수를 쓰세요.

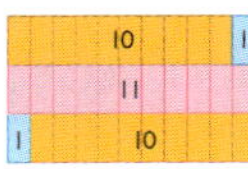

$10 + 1 = 11$

$1 + 10 = 11$

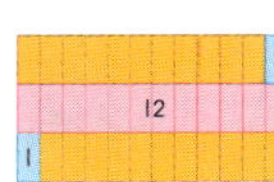

$11 + 1 = 12$

$1 + 11 = 12$

$16 + 1 = 17$

$1 + 16 = 17$

● ☐ 안에 알맞은 수를 쓰세요.

$1 + 15 = 16$

$15 + 1 = 16$

$1 + 13 = 14$　　　$1 + 11 = 12$

$17 + 1 = 18$　　　$18 + 1 = 19$

$1 + 14 = 15$　　　$1 + 12 = 13$

$16 + 1 = 17$　　　$19 + 1 = 20$

공부한 날
월
일

무엇을 배웠을까요

▲ 빈 곳에 알맞은 수를 쓰고 덧셈을 하세요.

$16 + 1 = 17$

▲ 연결큐브를 모두 세어 덧셈을 하세요.

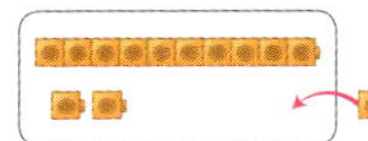

$12 + 1 = 13$

▲ 덧셈을 하세요.

$13 + 1 = 14$　　　$19 + 1 = 20$

▲ 그림을 보고 덧셈을 하세요.

$14 + 1 = 15$

$1 + 14 = 15$

▲ 덧셈을 하세요.

$15 + 1 = 16$　　　$17 + 1 = 18$

$1 + 15 = 16$　　　$1 + 17 = 18$

▲ 서로 관계있는 것끼리 선으로 이으세요.

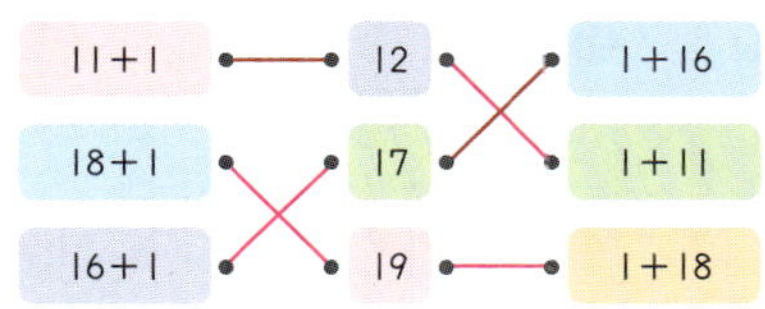

$11+1$	12	$1+16$
$18+1$	17	$1+11$
$16+1$	19	$1+18$

공부한 날
월
일

▲ ☐ 안에 알맞은 수를 쓰세요.

$13 + 1 = 14$　　　$17 + 1 = 18$

54
55

31 전의 수와 하나 더 적은 수

54 연산 A2

10까지의 빼기 1 55

56
57

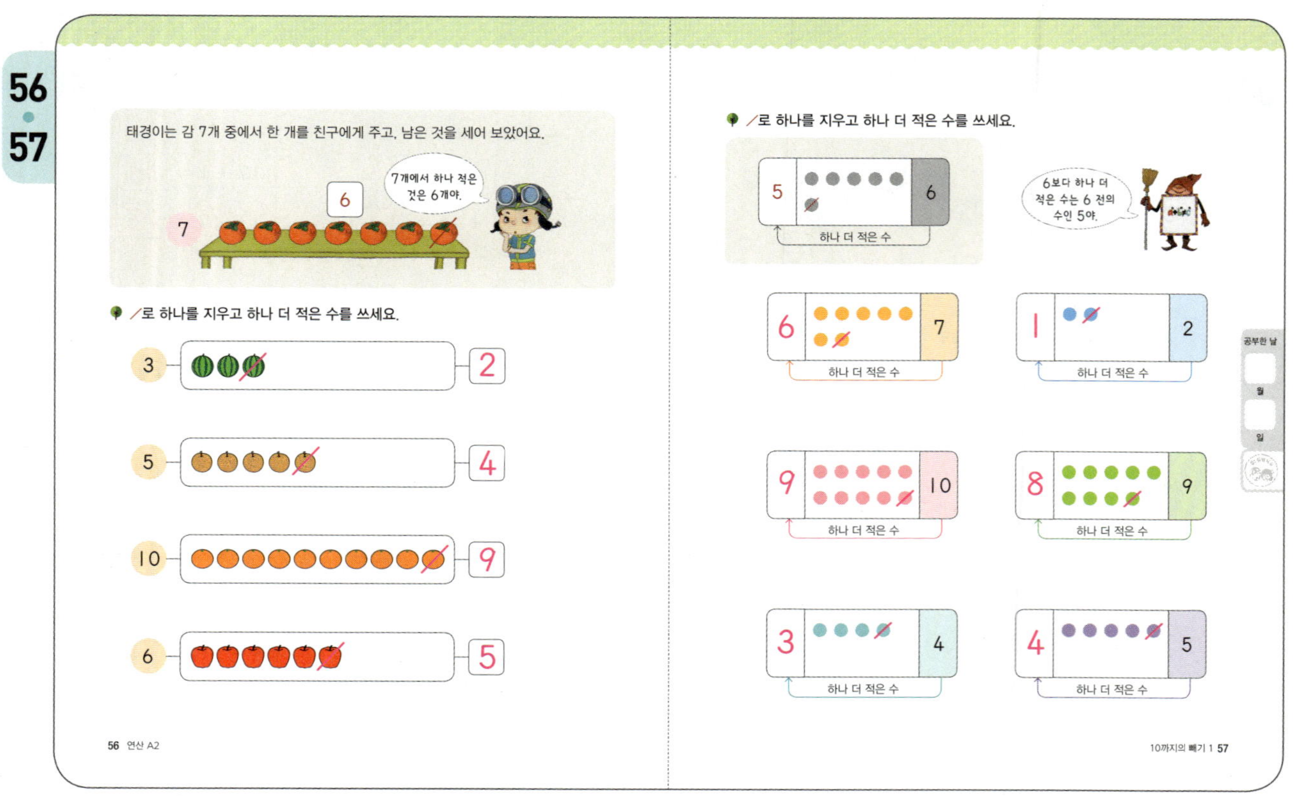

56 연산 A2

10까지의 빼기 1 57

32 빼기 I은 전의 수

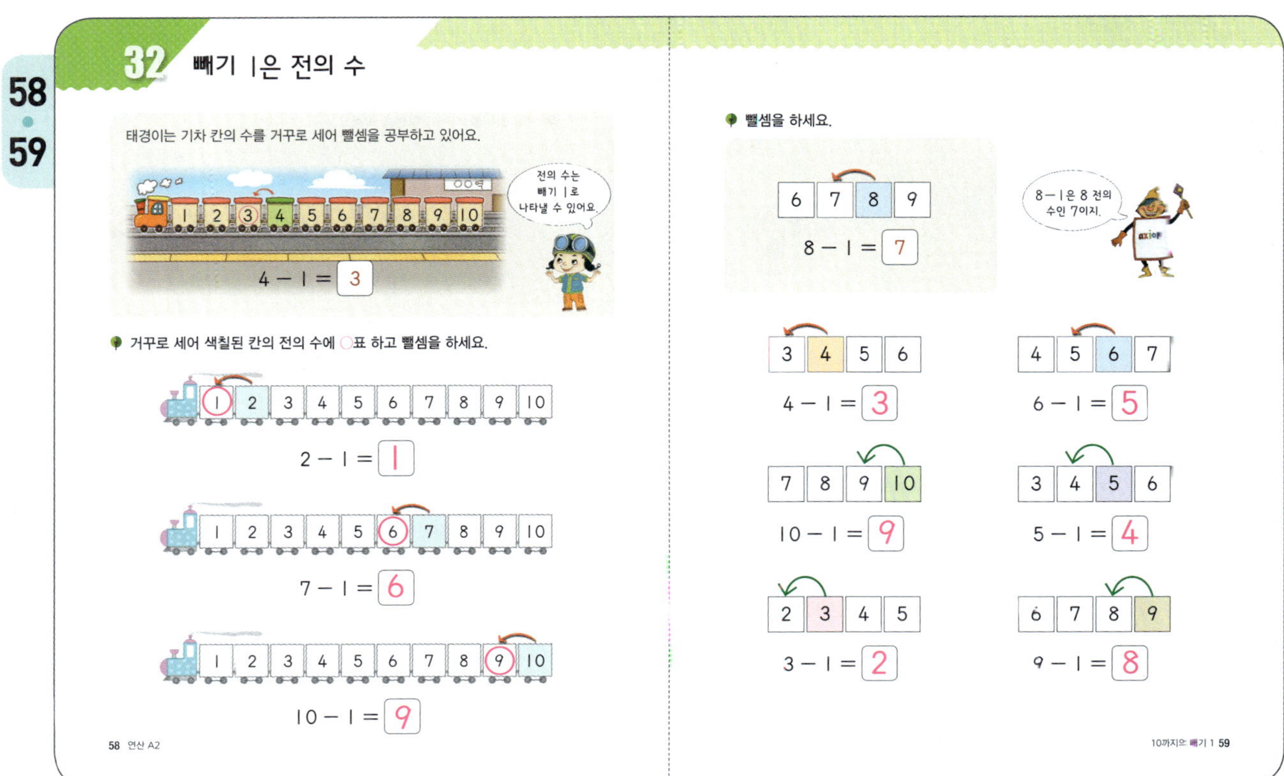
태경이는 기차 칸의 수를 거꾸로 세어 뺄셈을 공부하고 있어요.

전의 수는
빼기 I로
나타낼 수 있어요.

4 − I = 3

거꾸로 세어 색칠된 칸의 전의 수에 ○표 하고 뺄셈을 하세요.

2 − I = I

7 − I = 6

10 − I = 9

뺄셈을 하세요.

8 − I = 7

8−I은 8 전의
수인 7이지.

4 − I = 3

6 − I = 5

10 − I = 9

5 − I = 4

3 − I = 2

9 − I = 8

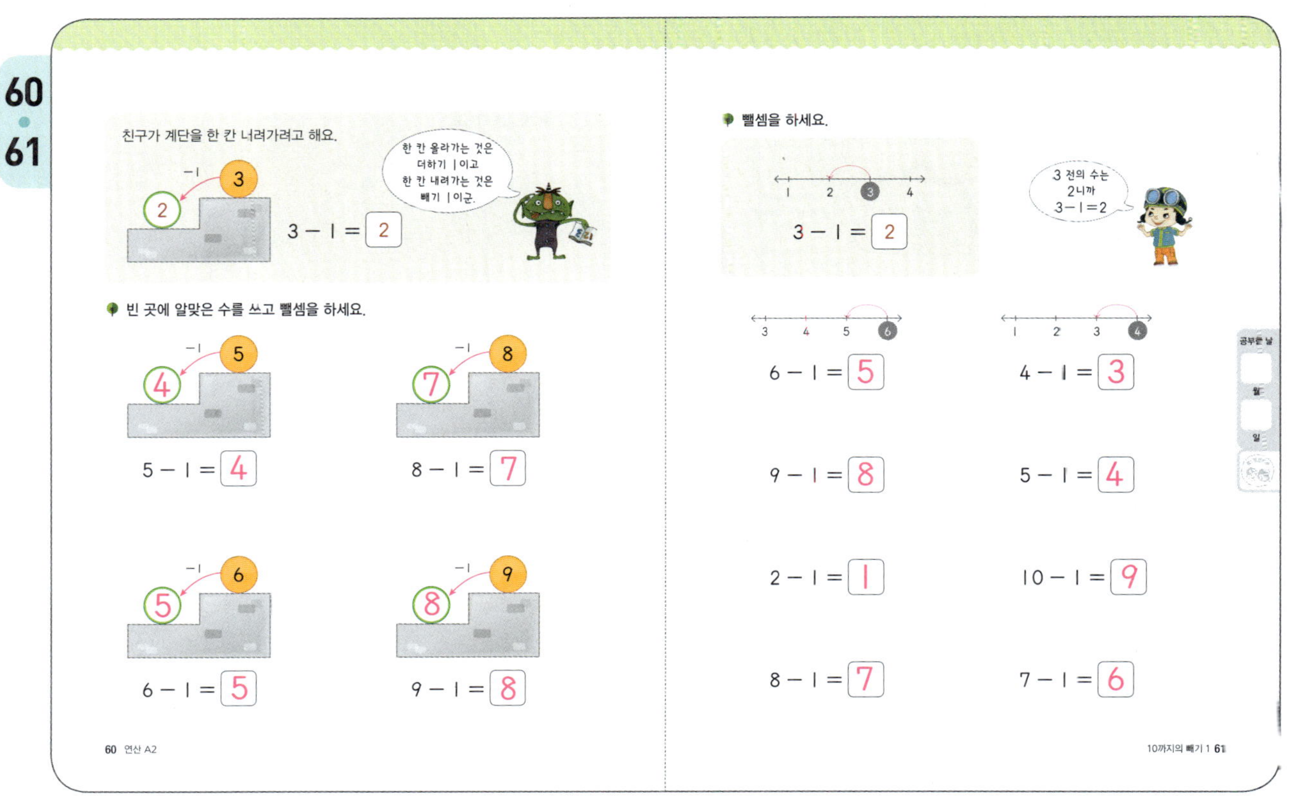
친구가 계단을 한 칸 내려가려고 해요.

한 칸 올라가는 것은
더하기 I이고
한 칸 내려가는 것은
빼기 I이군.

3 − I = 2

빈 곳에 알맞은 수를 쓰고 뺄셈을 하세요.

5 − I = 4

8 − I = 7

6 − I = 5

9 − I = 8

뺄셈을 하세요.

3 − I = 2

3 전의 수는
2니까
3−I=2

6 − I = 5

4 − I = 3

9 − I = 8

5 − I = 4

2 − I = I

10 − I = 9

8 − I = 7

7 − I = 6

공부한 날
월
일

62 · 63

33 빼기 1은 하나 더 적은 수

지오가 남아 있는 달걀을 세어 보고 있어요.

$8 - 1 = 7$

남아 있는 달걀을 세어 뺄셈을 하세요.

$2 - 1 = 1$

$4 - 1 = 3$

$7 - 1 = 6$

$10 - 1 = 9$

/로 하나를 지우고 뺄셈을 하세요.

$5 - 1 = 4$

$9 - 1 = 8$

$4 - 1 = 3$

$7 - 1 = 6$

$10 - 1 = 9$

$2 - 1 = 1$

$6 - 1 = 5$

64 · 65

태경이는 지갑에 구슬을 6개 가지고 있었는데 하나를 뺐어요.

$6 - 1 = 5$

/로 구슬 한 개를 지우고 남은 구슬을 세어 뺄셈을 하세요.

$5 - 1 = 4$

$9 - 1 = 8$

$3 - 1 = 2$

$8 - 1 = 7$

뺄셈을 하세요.

$7 - 1 = 6$

$5 - 1 = 4$

$9 - 1 = 8$

$10 - 1 = 9$

$6 - 1 = 5$

$2 - 1 = 1$

$3 - 1 = 2$

$4 - 1 = 3$

$8 - 1 = 7$

공부한 날

월

일

34 □가 있는 빼기 1

지오와 태경이가 □가 있는 빼기 1을 하는 방법을 각자 말하여 보았어요.
□ 전의 수가 4이므로 □는 5야.
1씩 빼면 6−1=5, 5−1=4
5 − 1 = 4
□ 안에 알맞은 수를 쓰세요.
2 3 4   3 − 1 = 2
5 6 7   6 − 1 = 5
5 6 7   7 − 1 = 6
8 9 10   10 − 1 = 9
8 9 10   9 − 1 = 8
3 4 5   4 − 1 = 3
□ 안에 알맞은 수를 쓰세요.
어떤 수에서 1을 뺐을 때 6이 되는 수는 뭘까?
7 전의 수가 6이므로 □ 안의 수는 7이야.
5 6 7 8
7 − 1 = 6
2 3 4 5   5 − 1 = 4
1 2 3 4   2 − 1 = 1
9 − 1 = 8   4 − 1 = 3
10 − 1 = 9   8 − 1 = 7
6 − 1 = 5   3 − 1 = 2

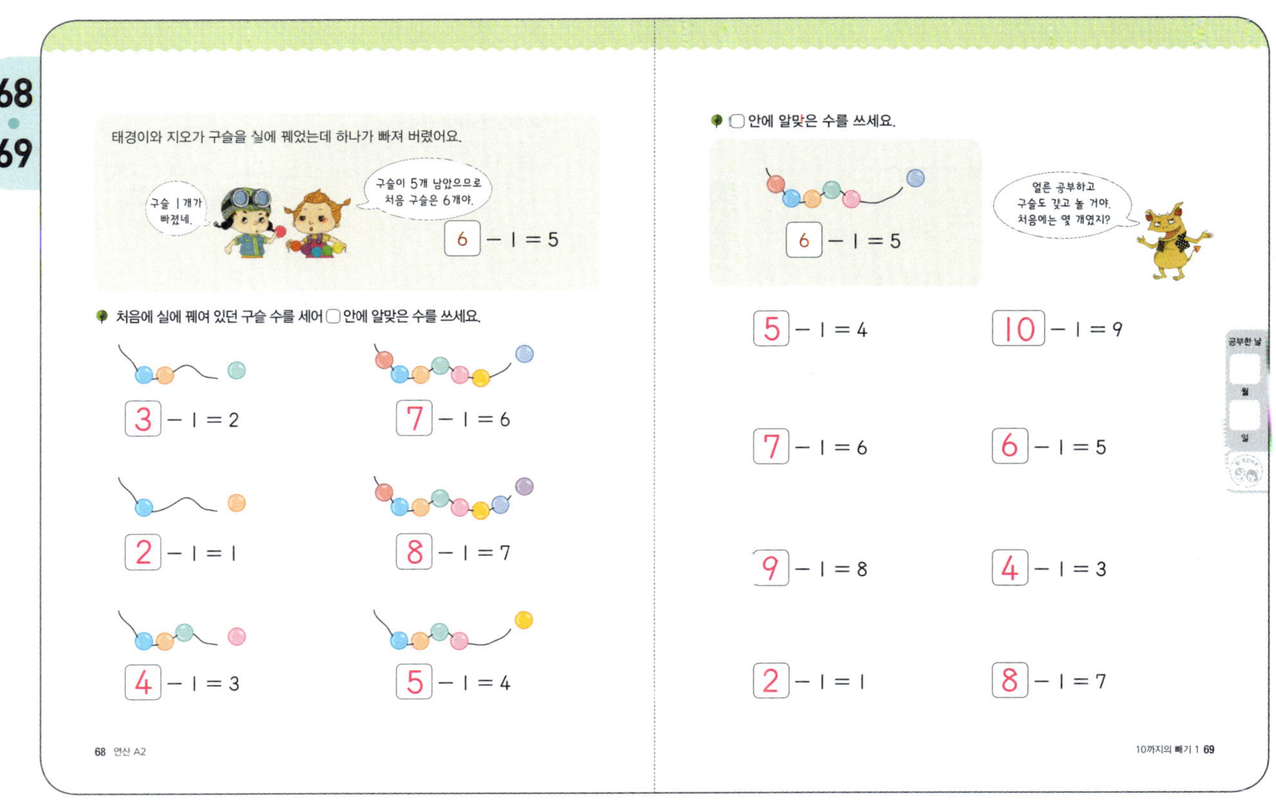
태경이와 지오가 구슬을 실에 꿰었는데 하나가 빠져 버렸어요.
구슬 1개가 빠졌네.
구슬이 5개 남았으므로 처음 구슬은 6개야.
6 − 1 = 5
처음에 실에 꿰여 있던 구슬 수를 세어 □ 안에 알맞은 수를 쓰세요.
3 − 1 = 2   7 − 1 = 6
2 − 1 = 1   8 − 1 = 7
4 − 1 = 3   5 − 1 = 4
□ 안에 알맞은 수를 쓰세요.
6 − 1 = 5
얼른 공부하고 구슬도 갖고 놀 거야. 처음에는 몇 개였지?
5 − 1 = 4   10 − 1 = 9
7 − 1 = 6   6 − 1 = 5
9 − 1 = 8   4 − 1 = 3
2 − 1 = 1   8 − 1 = 7
공부한 날
월
일

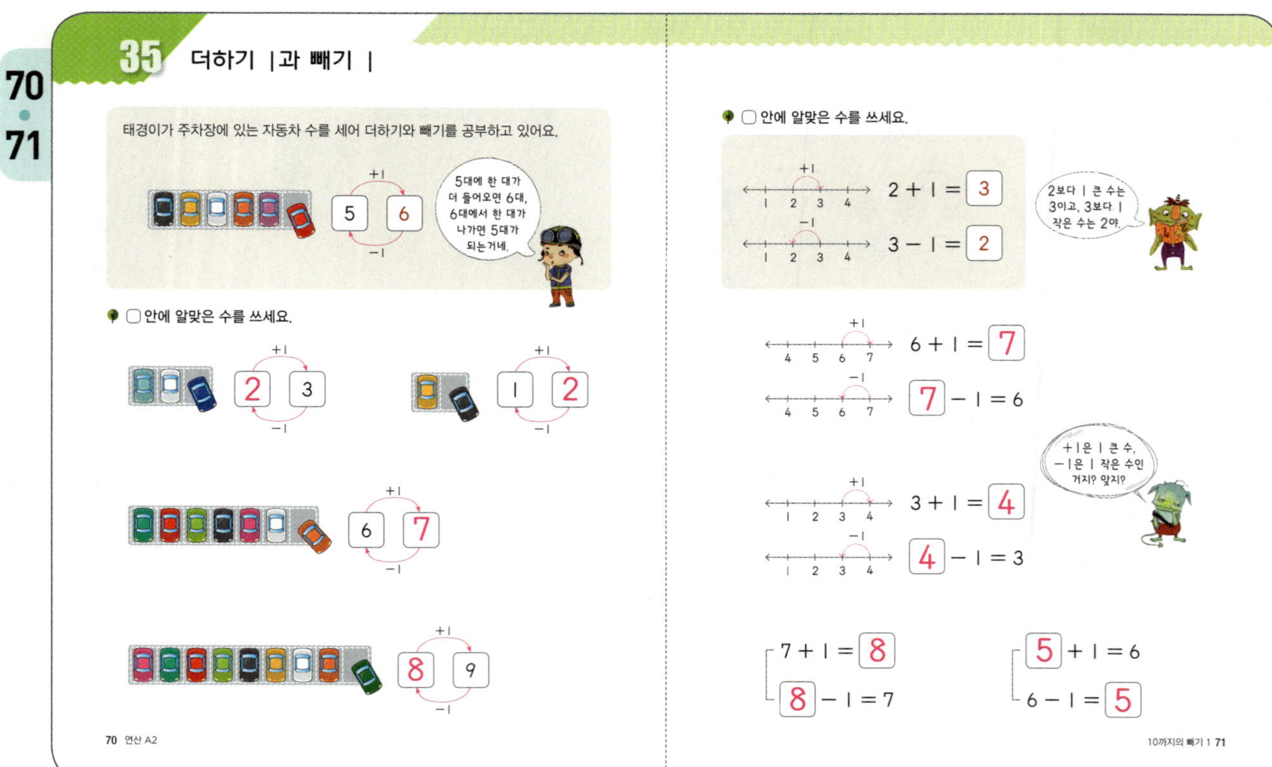

70
71

35 더하기 |과 빼기 |

태경이가 주차장에 있는 자동차 수를 세어 더하기와 빼기를 공부하고 있어요.

5대에 한 대가 더 들어오면 6대, 6대에서 한 대가 나가면 5대가 되는거네.

+1
5 6
−1

□ 안에 알맞은 수를 쓰세요.

+1
2 3
−1

+1
| 2
−1

+1
6 7
−1

+1
8 9
−1

70 연산 A2

□ 안에 알맞은 수를 쓰세요.

+1
2 + 1 = 3
−1
3 − 1 = 2

2보다 | 큰 수는 3이고, 3보다 | 작은 수는 2야.

+1
6 + 1 = 7
−1
7 − 1 = 6

+1
3 + 1 = 4
−1
4 − 1 = 3

+1은 | 큰 수, −1은 | 작은 수인 거지? 알지?

7 + 1 = 8
8 − 1 = 7

5 + 1 = 6
6 − 1 = 5

10까지의 빼기 1 71

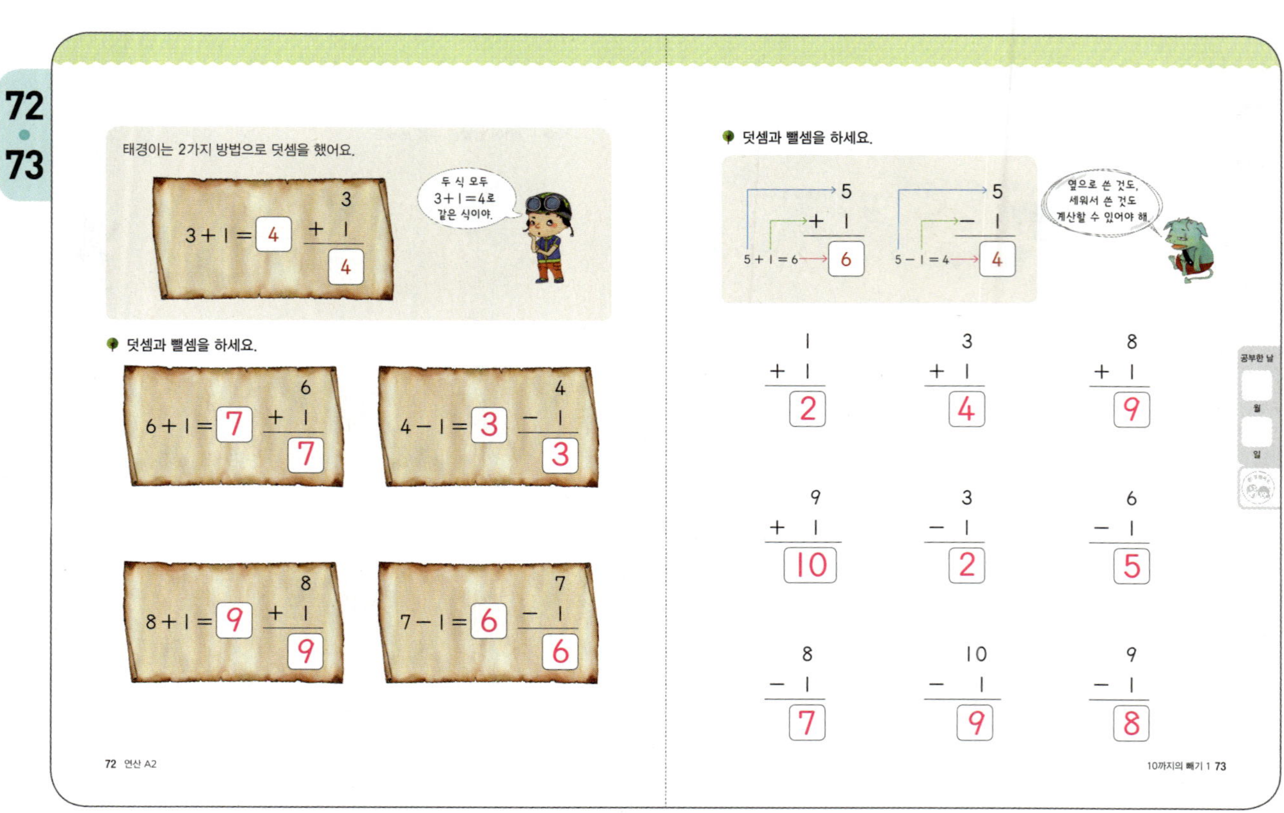

72
73

태경이는 2가지 방법으로 덧셈을 했어요.

3
3 + 1 = 4   + 1
4

두 식 모두 3 + 1 = 4로 같은 식이야.

덧셈과 뺄셈을 하세요.

6
6 + 1 = 7   + 1
7

4
4 − 1 = 3   − 1
3

8
8 + 1 = 9   + 1
9

7
7 − 1 = 6   − 1
6

72 연산 A2

덧셈과 뺄셈을 하세요.

5
5 + 1 = 6   + 1   → 6

5
5 − 1 = 4   − 1   → 4

옆으로 쓴 것도, 세워서 쓴 것도 계산할 수 있어야 해.

| 3   8
+ 1   + 1   + 1
2   4   9

9   3   6
+ 1   − 1   − 1
10   2   5

8   10   9
− 1   − 1   − 1
7   9   8

공부한 날
월
일

10까지의 빼기 1 73

16 연산 A2

무엇을 배웠을까요

▲ 색칠된 칸의 전의 수에 ○표 하고 ☐ 안에 알맞은 수를 쓰세요.

1 2 ③ 4 5 6 7 8 9 10

4 전의 수는 3

▲ /로 하나를 지우고 하나 더 적은 수를 쓰세요.

8 ─ 7

▲ 거꾸로 세어 전의 수를 쓰세요.

| 7 | 8 | 9 | 10 | 11 |

8 ← 전의 수 ← 9

| 1 | 2 | 3 | 4 | 5 |

2 ← 전의 수 ← 3

▲ 남아 있는 달걀을 세어 뺄셈을 하세요.

6 ─ 1 = 5

▲ /로 하나를 지우고 뺄셈을 하세요.

2 ─ 1 = 1

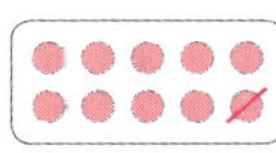

10 ─ 1 = 9

▲ ☐ 안에 알맞은 수를 쓰세요.

7 8 9

8 ─ 1 = 7

▲ ☐ 안에 알맞은 수를 쓰세요.

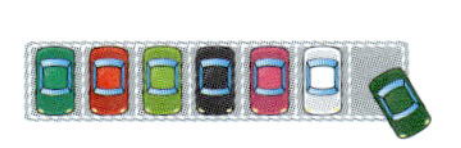

6 7

6 ─ 1 = 7

▲ 덧셈과 뺄셈을 하세요.

$6 + 1 = 7$

$8 - 1 = 7$

$$\begin{array}{r} 4 \\ +\ 1 \\ \hline 5 \end{array}$$

$$\begin{array}{r} 7 \\ -\ 1 \\ \hline 6 \end{array}$$

---

36 빼기 1은 전의 수

14 ─ 1 = 13

● 거꾸로 세어 빈칸에 알맞은 수를 쓰고, 뺄셈을 하세요.

| 11 | 12 | 13 | 14 | 15 | 16 | 17 | 18 | 19 | 20 |

14 ─ 1 = 13

| 11 | 12 | 13 | 14 | 15 | 16 | 17 | 18 | 19 | 20 |

16 ─ 1 = 15

| 11 | 12 | 13 | 14 | 15 | 16 | 17 | 18 | 19 | 20 |

20 ─ 1 = 19

● 뺄셈을 하세요.

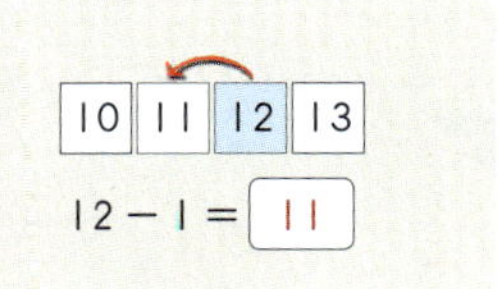

| 10 | 11 | 12 | 13 |

12 ─ 1 = 11

| 10 | 11 | 12 | 13 |

11 ─ 1 = 10

| 14 | 15 | 16 | 17 |

16 ─ 1 = 15

| 12 | 13 | 14 | 15 |

15 ─ 1 = 14

| 17 | 18 | 19 | 20 |

19 ─ 1 = 18

| 16 | 17 | 18 | 19 |

17 ─ 1 = 16

| 15 | 16 | 17 | 18 |

18 ─ 1 = 17

80 · 81

지오가 사다리를 한 칸 내려오고 있어요.

🍀 빈칸에 알맞은 수를 쓰고 뺄셈을 하세요.

-1 13 12
13 − 1 = 12

-1 18 17
18 − 1 = 17

-1 11 10
11 − 1 = 10

-1 16 15
16 − 1 = 15

🍀 뺄셈을 하세요.

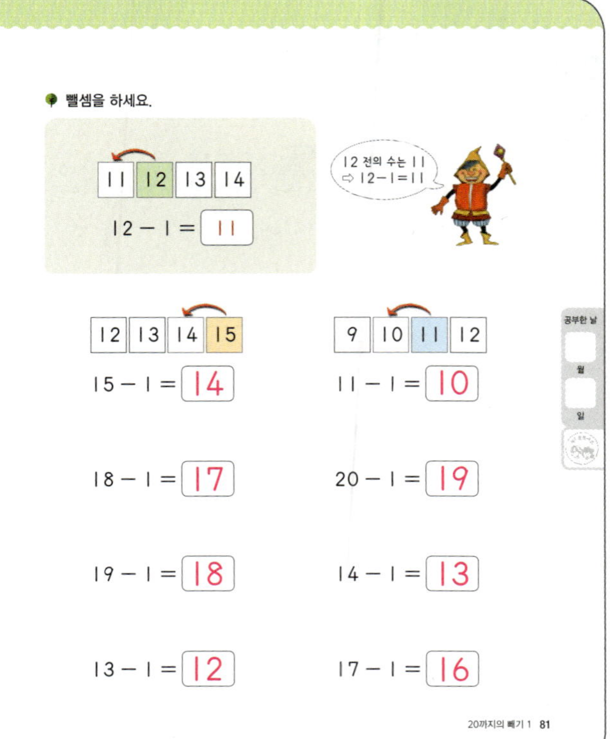

12 13 14 15
15 − 1 = 14

9 10 11 12
11 − 1 = 10

18 − 1 = 17

20 − 1 = 19

19 − 1 = 18

14 − 1 = 13

13 − 1 = 12

17 − 1 = 16

공부한 날
월
일

82 · 83

37 빼기 1은 1 작은 수

지오와 태경이가 연결큐브를 사용하여 뺄셈을 공부하고 있어요.

🍀 남아 있는 연결큐브를 세어 뺄셈을 하세요.

12 − 1 = 11

14 − 1 = 13

17 − 1 = 16

19 − 1 = 18

🍀 /로 연결큐브 하나를 지우고 뺄셈을 하세요.

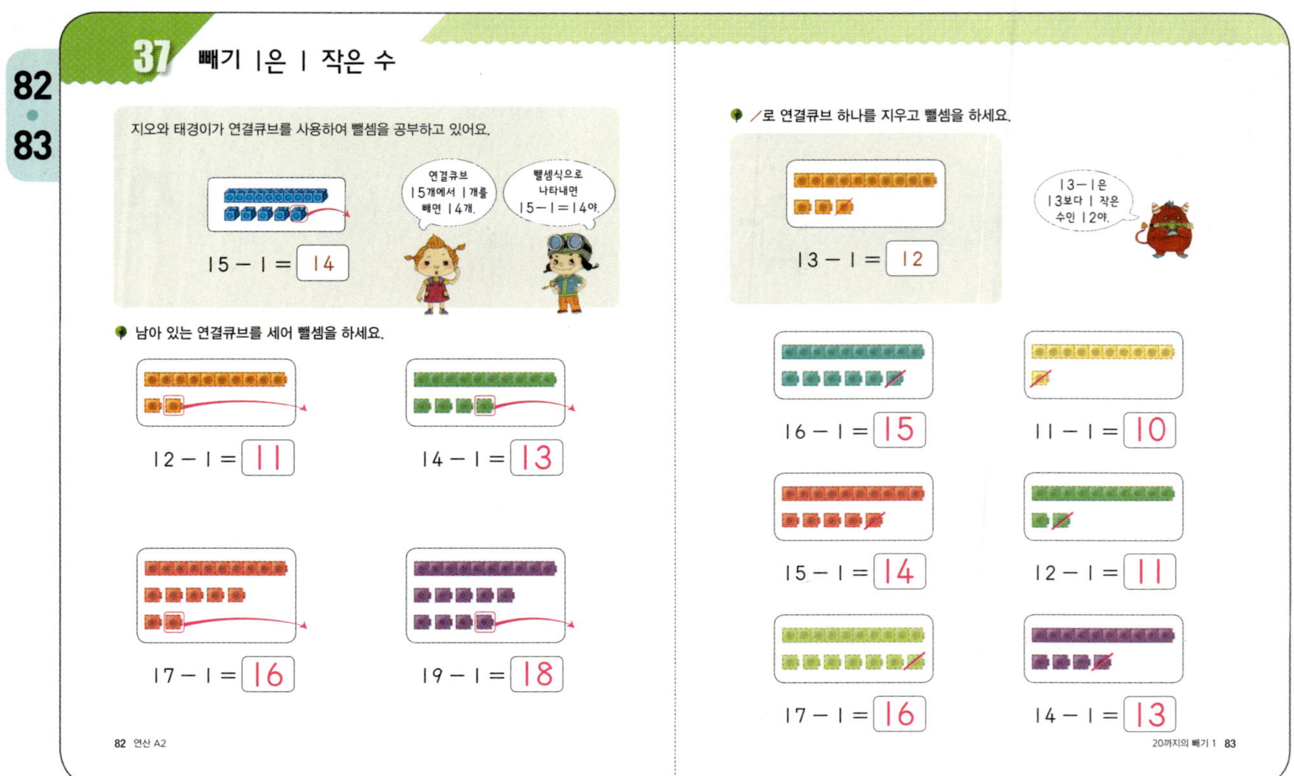

16 − 1 = 15

11 − 1 = 10

15 − 1 = 14

12 − 1 = 11

17 − 1 = 16

14 − 1 = 13

파란색을 색칠한 뒤 뺄셈을 공부하려고 해요.

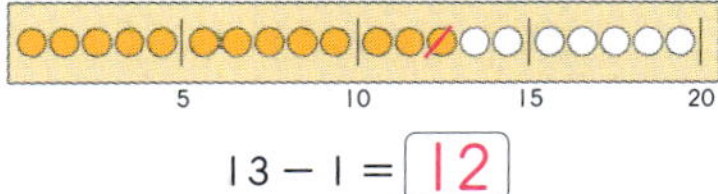

$15 - 1 = \boxed{14}$

/로 하나를 지우고 뺄셈을 하세요.

$13 - 1 = \boxed{12}$

$16 - 1 = \boxed{15}$

$20 - 1 = \boxed{19}$

● 뺄셈을 하세요.

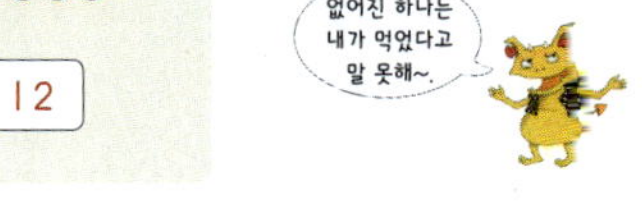

$13 - 1 = \boxed{12}$

$12 - 1 = \boxed{11}$ $16 - 1 = \boxed{15}$

$20 - 1 = \boxed{19}$ $18 - 1 = \boxed{17}$

$11 - 1 = \boxed{10}$ $14 - 1 = \boxed{13}$

$15 - 1 = \boxed{14}$ $19 - 1 = \boxed{18}$

공부한 날
월
일

38 ☐가 있는 빼기 1

태경이와 지오가 ☐가 있는 빼기 1을 하는 방법을 각각 말하여 보았어요.

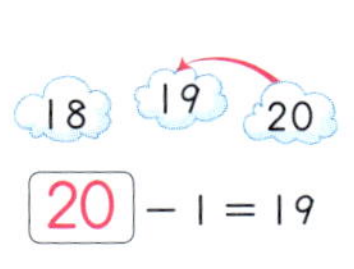

$\boxed{17} - 1 = 16$

● ☐ 안에 알맞은 수를 쓰세요.

10 11 12
$\boxed{12} - 1 = 11$

14 15 16
$\boxed{15} - 1 = 14$

18 19 20
$\boxed{20} - 1 = 19$

15 16 17
$\boxed{17} - 1 = 16$

14 15 16
$\boxed{16} - 1 = 15$

18 19 20
$\boxed{19} - 1 = 18$

● ☐ 안에 알맞은 수를 쓰세요.

10 11 12 13
$\boxed{13} - 1 = 12$

12 13 14 15
$\boxed{14} - 1 = 13$

15 16 17 18
$\boxed{17} - 1 = 16$

$\boxed{12} - 1 = 11$ $\boxed{18} - 1 = 17$

$\boxed{19} - 1 = 18$ $\boxed{15} - 1 = 14$

$\boxed{16} - 1 = 15$ $\boxed{20} - 1 = 19$

지오는 막대의 개수를 이용하여 덧셈을 공부하려고 해요.

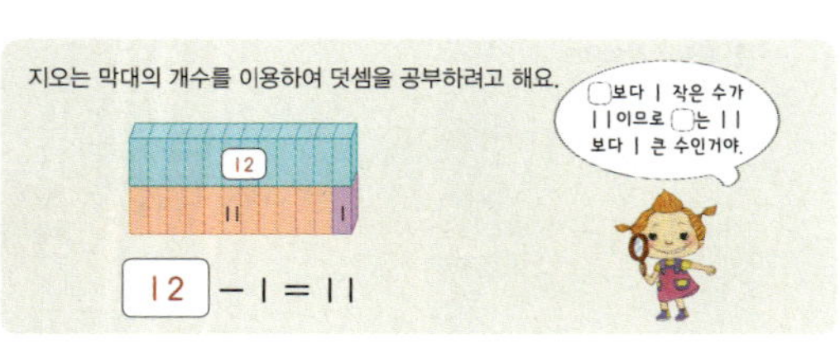

$$12 - 1 = 11$$

● □ 안에 알맞은 수를 쓰세요.

$$14 - 1 = 13$$

$$15 - 1 = 14$$

$$18 - 1 = 17$$

● □ 안에 알맞은 수를 쓰세요.

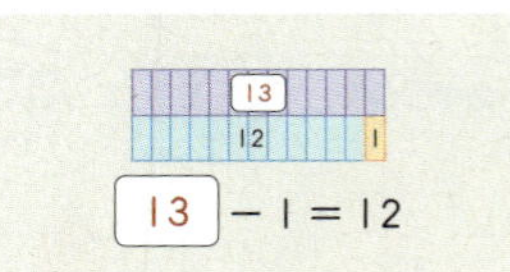

$$13 - 1 = 12$$

$$16 - 1 = 15 \qquad 14 - 1 = 13$$

$$12 - 1 = 11 \qquad 19 - 1 = 18$$

$$15 - 1 = 14 \qquad 20 - 1 = 19$$

$$18 - 1 = 17 \qquad 17 - 1 = 16$$

공부한 날
월
일

39 더하기 1과 빼기 1

태경이와 지오가 더하기 1과 빼기 1을 알아보려고 해요.

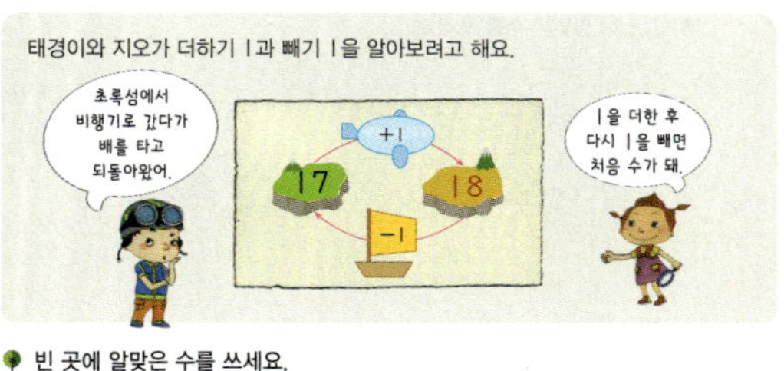

● 빈 곳에 알맞은 수를 쓰세요.

● □ 안에 알맞은 수를 쓰세요.

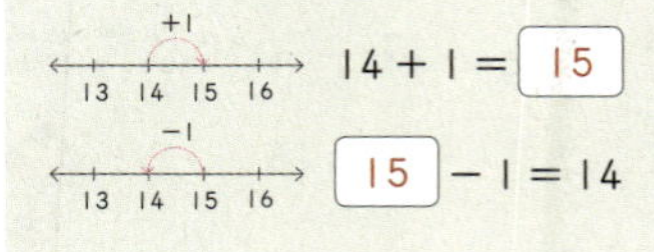

$$14 + 1 = 15$$
$$15 - 1 = 14$$

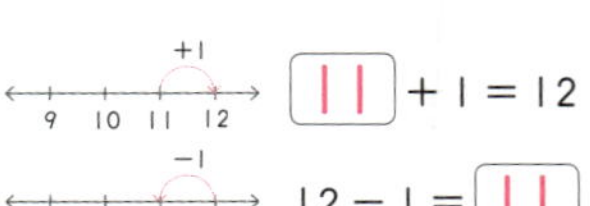

$$13 + 1 = 14$$
$$14 - 1 = 13$$

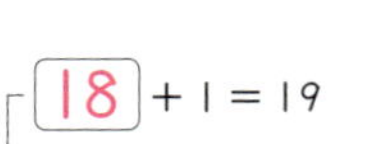

$$11 + 1 = 12$$
$$12 - 1 = 11$$

이제 그만 자고
공부할 거야.

$$18 + 1 = 19 \qquad 19 + 1 = 20$$
$$19 - 1 = 18 \qquad 20 - 1 = 19$$

지오는 2가지 방법으로 계산을 하려고 해요.

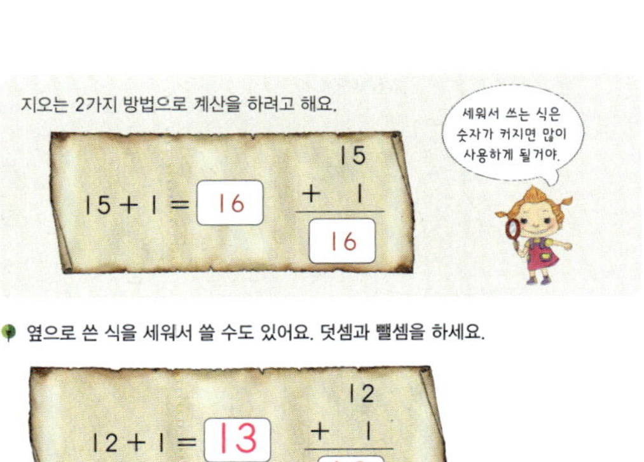

$15 + 1 = 16$

옆으로 쓴 식을 세워서 쓸 수도 있어요. 덧셈과 뺄셈을 하세요.

$12 + 1 = 13$

$15 - 1 = 14$

$16 - 1 = 15$

덧셈과 뺄셈을 하세요.

$13 - 1 = 12$

$$\begin{array}{r} 10 \\ +\ 1 \\ \hline 11 \end{array} \qquad \begin{array}{r} 12 \\ -\ 1 \\ \hline 11 \end{array} \qquad \begin{array}{r} 17 \\ +\ 1 \\ \hline 18 \end{array}$$

$$\begin{array}{r} 18 \\ +\ 1 \\ \hline 19 \end{array} \qquad \begin{array}{r} 16 \\ +\ 1 \\ \hline 17 \end{array} \qquad \begin{array}{r} 14 \\ -\ 1 \\ \hline 13 \end{array}$$

$$\begin{array}{r} 20 \\ -\ 1 \\ \hline 19 \end{array} \qquad \begin{array}{r} 17 \\ -\ 1 \\ \hline 16 \end{array} \qquad \begin{array}{r} 19 \\ +\ 1 \\ \hline 20 \end{array}$$

---

40 ＋와 －

더하기 1과 빼기 1을 하여 마지막 수가 나오는 식이 되도록 선을 그었어요.

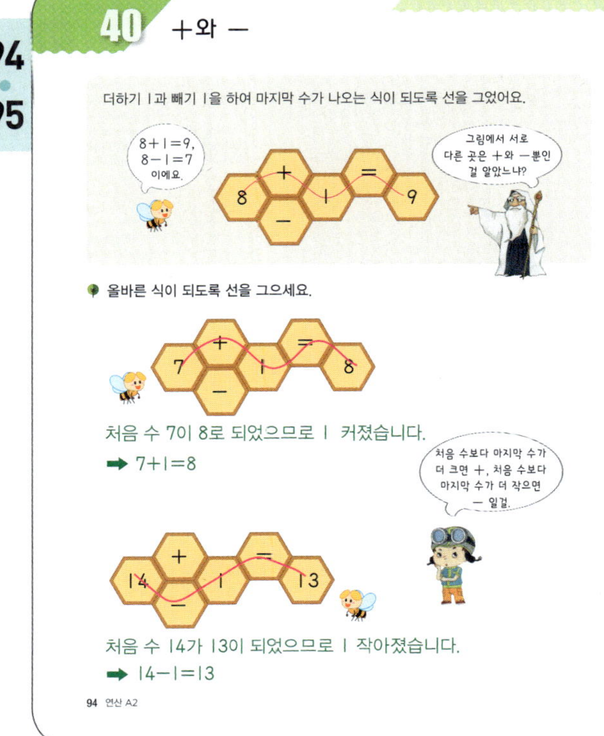

올바른 식이 되도록 선을 그으세요.

처음 수 7이 8로 되었으므로 1 커졌습니다.

➜ $7 + 1 = 8$

처음 수 14가 13이 되었으므로 1 작아졌습니다.

➜ $14 - 1 = 13$

○ 안에 ＋ 또는 －를 알맞게 쓰세요.

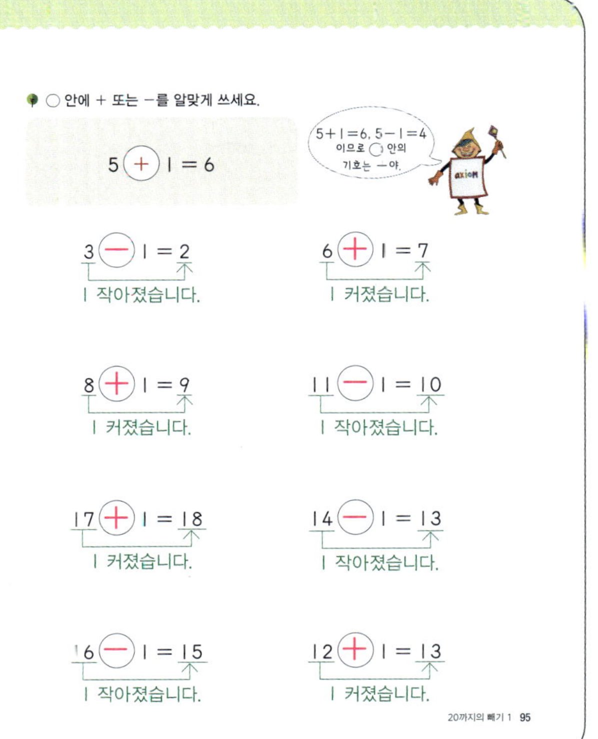

$5 \;⊕\; 1 = 6$

$3 \;⊖\; 1 = 2$
1 작아졌습니다.

$6 \;⊕\; 1 = 7$
1 커졌습니다.

$8 \;⊕\; 1 = 9$
1 커졌습니다.

$11 \;⊖\; 1 = 10$
1 작아졌습니다.

$17 \;⊕\; 1 = 18$
1 커졌습니다.

$14 \;⊖\; 1 = 13$
1 작아졌습니다.

$16 \;⊖\; 1 = 15$
1 작아졌습니다.

$12 \;⊕\; 1 = 13$
1 커졌습니다.

96 · 97

지오가 신기한 덧셈과 뺄셈의 관계를 보여 주고 있어요.

🌱 ○ 안에는 + 또는 −를, □ 안에는 알맞은 수를 쓰세요.

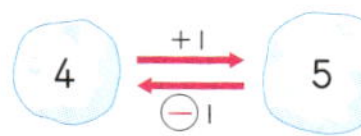
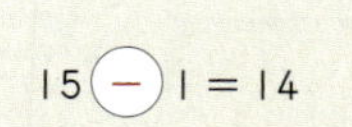

4 →(+1 / −1)← 5   6 →(+1 / −1)← 7

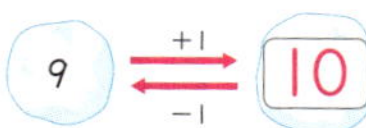
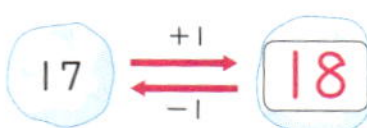

9 →(+1 / −1) 10   17 →(+1 / −1) 18

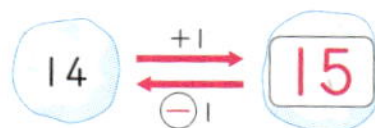

14 →(+1 / −1) 15   19 →(+1 / −1) 20

🌱 ○ 안에 + 또는 −를 알맞게 쓰세요.

$$15 \ominus 1 = 14$$

$2 \ominus 1 = 1$ $7 \oplus 1 = 8$

$5 \oplus 1 = 6$ $10 \ominus 1 = 9$

$13 \ominus 1 = 12$ $19 \oplus 1 = 20$

$18 \oplus 1 = 19$ $12 \ominus 1 = 11$

공부한 날
월
일

---

98 · 99

🧩 무엇을 배웠을까요

🌲 빈칸에 알맞은 수를 쓰고 뺄셈을 하세요.

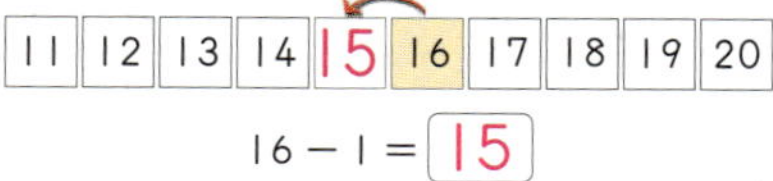

| 11 | 12 | 13 | 14 | 15 | 16 | 17 | 18 | 19 | 20 |

$$16 - 1 = 15$$

🌲 남아 있는 연결큐브를 세어 뺄셈을 하세요.

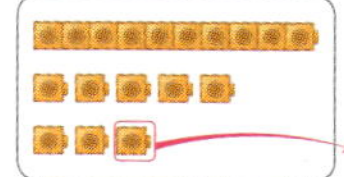

$$18 - 1 = 17$$

🌲 /로 하나를 지우고 뺄셈을 하세요.

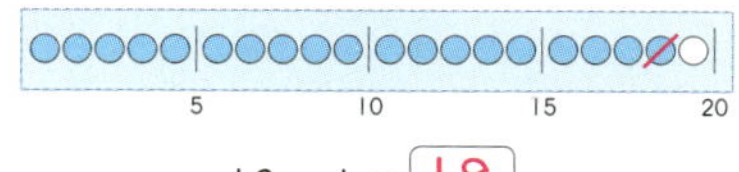

$$19 - 1 = 18$$

🌲 뺄셈을 하세요.

$12 - 1 = 11$ $17 - 1 = 16$

🌲 □ 안에 알맞은 수를 쓰세요.

14 15 16   18 19 20

$15 - 1 = 14$ $20 - 1 = 19$

🌲 □ 안에 알맞은 수를 쓰세요.

| $11 + 1 = 12$ | $17 + 1 = 18$ |
| $12 - 1 = 11$ | $18 - 1 = 17$ |

🌲 덧셈과 뺄셈을 하세요.

$$\begin{array}{r} 12 \\ +\ 1 \\ \hline 13 \end{array} \qquad \begin{array}{r} 15 \\ -\ 1 \\ \hline 14 \end{array} \qquad \begin{array}{r} 19 \\ -\ 1 \\ \hline 18 \end{array}$$

🌲 ○ 안에 + 또는 −를 알맞게 쓰세요.

$9 \ominus 1 = 8$ $15 \oplus 1 = 16$

공부한 날
월
일

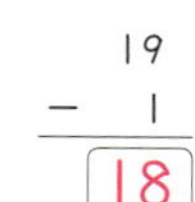

22 연산 A2

10까지의 더하기 1

관련 쪽수: 6~27쪽

✤ 덧셈을 하세요.

$1 + 1 = \boxed{2}$ $2 + 1 = \boxed{3}$

$3 + 1 = \boxed{4}$ $4 + 1 = \boxed{5}$

$5 + 1 = \boxed{6}$ $7 + 1 = \boxed{8}$

$8 + 1 = \boxed{9}$ $9 + 1 = \boxed{10}$

✤ ☐ 안에 알맞은 수를 쓰세요.

$1 + 6 = \boxed{7}$ $1 + 3 = \boxed{4}$
$6 + 1 = \boxed{7}$ $3 + 1 = \boxed{4}$

$1 + 8 = \boxed{9}$ $1 + 9 = \boxed{10}$
$8 + 1 = \boxed{9}$ $9 + 1 = \boxed{10}$

$1 + 2 = \boxed{3}$ $1 + 5 = \boxed{6}$
$2 + 1 = \boxed{3}$ $5 + 1 = \boxed{6}$

✤ ☐ 안에 알맞은 수를 쓰세요.

$\boxed{6} + 1 = 7$ $\boxed{4} + 1 = 5$

$\boxed{2} + 1 = 3$ $\boxed{1} + 1 = 2$

$\boxed{8} + 1 = 9$ $\boxed{3} + 1 = 4$

$\boxed{7} + 1 = 8$ $\boxed{5} + 1 = 6$

20까지의 더하기 1

관련 쪽수: 30~51쪽

✤ 덧셈을 하세요.

$10 + 1 = \boxed{11}$ $13 + 1 = \boxed{14}$

$17 + 1 = \boxed{18}$ $18 + 1 = \boxed{19}$

$12 + 1 = \boxed{13}$ $11 + 1 = \boxed{12}$

$15 + 1 = \boxed{16}$ $16 + 1 = \boxed{17}$

$14 + 1 = \boxed{15}$ $19 + 1 = \boxed{20}$

✤ ☐ 안에 알맞은 수를 쓰세요.

$1 + 12 = \boxed{13}$ $1 + 14 = \boxed{15}$
$12 + 1 = \boxed{13}$ $14 + 1 = \boxed{15}$

$1 + 15 = \boxed{16}$ $1 + 18 = \boxed{19}$
$15 + 1 = \boxed{16}$ $18 + 1 = \boxed{19}$

$19 + 1 = \boxed{20}$ $11 + 1 = \boxed{12}$
$1 + 19 = \boxed{20}$ $1 + 11 = \boxed{12}$

✤ ☐ 안에 알맞은 수를 쓰세요.

$\boxed{13} + 1 = 14$ $\boxed{16} + 1 = 17$

$\boxed{17} + 1 = 18$ $\boxed{11} + 1 = 12$

$1 + \boxed{19} = 20$ $1 + \boxed{12} = 13$

$1 + \boxed{14} = 15$ $1 + \boxed{18} = 19$

106·107

10까지의 빼기 1
관련 쪽수: 54~75쪽

❖ 뺄셈을 하세요.

$7 - 1 = \boxed{6}$ $6 - 1 = \boxed{5}$

$2 - 1 = \boxed{1}$ $5 - 1 = \boxed{4}$

$9 - 1 = \boxed{8}$ $3 - 1 = \boxed{2}$

$4 - 1 = \boxed{3}$ $10 - 1 = \boxed{9}$

❖ ☐ 안에 알맞은 수를 쓰세요.

$\boxed{3} - 1 = 2$ $\boxed{6} - 1 = 5$

$\boxed{9} - 1 = 8$ $\boxed{5} - 1 = 4$

$\boxed{4} - 1 = 3$ $\boxed{7} - 1 = 6$

❖ ☐ 안에 알맞은 수를 쓰세요.

$\boxed{6} + 1 = 7$ $3 + 1 = \boxed{4}$
$7 - 1 = \boxed{6}$ $\boxed{4} - 1 = 3$

$\boxed{9} + 1 = 10$ $5 + 1 = \boxed{6}$
$10 - 1 = \boxed{9}$ $\boxed{6} - 1 = 5$

❖ 덧셈과 뺄셈을 하세요.

2	4	5
+ 1	− 1	+ 1
$\boxed{3}$	$\boxed{3}$	$\boxed{6}$

8	6	9
− 1	+ 1	− 1
$\boxed{7}$	$\boxed{7}$	$\boxed{8}$

108

20까지의 빼기 1
관련 쪽수: 78~99쪽

❖ 뺄셈을 하세요.

$14 - 1 = \boxed{13}$ $16 - 1 = \boxed{15}$

$19 - 1 = \boxed{18}$ $20 - 1 = \boxed{19}$

$11 - 1 = \boxed{10}$ $15 - 1 = \boxed{14}$

$17 - 1 = \boxed{16}$ $18 - 1 = \boxed{17}$

❖ 덧셈과 뺄셈을 하세요.

14	15	13
− 1	+ 1	− 1
$\boxed{13}$	$\boxed{16}$	$\boxed{12}$

❖ ◯ 안에 + 또는 −를 알맞게 쓰세요.

$14 \enspace \boxed{-} \enspace 1 = 13$ $16 \enspace \boxed{-} \enspace 1 = 15$
작아졌습니다.

$15 \enspace \boxed{+} \enspace 1 = 16$ $12 \enspace \boxed{-} \enspace 1 = 11$
커졌습니다.